Diego Hurtado de Mendoza

Historia de la guerra de Granada

Barcelona **2024**
Linkgua-ediciones.com

Créditos

Título original: Historia de la guerra de Granada.

© 2024, Red ediciones S.L.

e-mail: info@linkgua.com

Diseño de cubierta: Michel Mallard.

ISBN tapa dura: 978-84-1126-331-3.
ISBN rústica: 978-84-96290-62-4.
ISBN ebook: 978-84-9897-068-5.

Sumario

Créditos _____ 4

Brevísima presentación _____ 7

    La vida _____ 7

Luis Tribaldos de Toledo al lector _____ 9

Introducción _____ 13

Guerra de Granada _____ 15

Libro I _____ 17

Libro II _____ 51

Libro III _____ 89

Libro IV _____ 133

Libros a la carta _____ 165

Brevísima presentación

La vida
Diego Hurtado de Mendoza (Granada, 1503-Madrid, 1575). España.
Hijo del conde de Tendilla, gobernador de Granada tras la derrota árabe de 1492, y biznieto del marqués de Santillana. Tuvo la oportunidad de visitar los centros culturales más importantes de la época, y conoció a Garcilaso de la Vega y a Juan Boscán. Estudió en Granada y continuó su formación en Salamanca, y después en Italia. Fue embajador en Inglaterra y Venecia, y en 1542 representó al emperador Carlos V en el Concilio de Trento.

En 1547 fue nombrado embajador y capitán general de Siena, donde sofocó una rebelión. Más tarde fue embajador en Roma. Ejerció además como consejero de Estado durante el reinado de Felipe II, pero fue desterrado al castillo de La Mota por una disputa con el duque de Leiva, y luego a Granada, donde participó en la guerra contra los árabes.

La *Historia de la guerra de Granada* (1610), crónica dividida en tres libros, fue publicada por Luis Tribaldos de Toledo tras circular largo tiempo en manuscritos. La Historia narra el origen de la guerra y su desarrollo, analiza las relaciones entre el poder civil y el militar y la aristocracia, y defiende casi siempre al mundo islámico. Se ha dicho que su estilo recuerda a historiadores latinos como Salustio y Tácito, en la introducción de discursos, retratos y reflexiones morales y en la sobriedad narrativa.

Hurtado de Mendoza fue guerrero, humanista, diplomático y un poeta célebre en Europa. Escribió este libro al final de su vida. Había regresado a Granada, desterrado, en medio de un ambiente hostil.

Luis Tribaldos de Toledo al lector

Siendo don Diego de Mendoza de los sujetos de España más conocidos en toda Europa, fuera cosa superflua ponerme a describirle; principalmente habiéndolo hecho en pocos pero elegantes renglones el señor don Baltasar de Zúñiga. Tampoco me detendré en alabar esta Historia, ni en probar que es absolutamente la mejor que se escribió en nuestra lengua; porque ningún docto lo niega, y pudiéraseme preguntar lo que Archidamo lacedemonio a quien le leía un elogio de Hércules: *Et quis vituperat?* Solamente diré qué causas hubo para no publicarse antes; las que me movieron a hacerlo agora; qué ejemplar seguí en esta edición, y que márgenes.

Cuanto a lo primero, es muy sabido y muy antiguo en el mundo el odio a la verdad, y muy ordinario padecer trabajos y contradiciones los que la dicen, y aun más los que la escriben. Del conocimiento de este principio nace que todos los historiadores cuerdos y prudentes emprenden lo sucedido antes de sus tiempos, o guardan la publicación de los hechos presentes para siglo en que ya no vivan los de quien ha de tratar su narración. Por esto nuestro don Diego determinó no publicar en su vida esta Historia, y solo quiso, con la libertad que no solo en él, más en toda aquella ilustrísima casa de Mondéjar es natural, dejar a los venideros entera noticia de lo que realmente se obró en la guerra de Granada; y pudo bien alcanzarla por su agudeza y buen juicio; por tío del general que la comenzó, adonde todo venía a parar; por hallarse en el mismo reino, y aun presente a mucho de lo que escribe. Afectó la verdad y consiguiola, como conocerá fácilmente quien cotejare este libro con cuantos en la materia han salido; porque en ninguno leemos nuestras culpas o yerros tan sin rebozo, la virtud o razón ajena tan bien pintada, los sucesos todos tan verisímiles: marcas por las cuales se gobiernan los lectores en el crédito de lo que no vieron. La determinación de don Diego me prueban unas gravísimas palabras, escritas de su letra al principio de un traslado desta Historia, que presentó a un amigo suyo, en que juntamente pronostica lo que hoy vernos: *Veniet, qui conditam, et saeculi sui malignitate compressam veritatem, dies publicet. Paucis natus est, qui populum aetatis suae cogitat. Multa annorum millia, multa populorum supervenient: ad illa respice. Etiam si omnibus tecum viventibus silentium livor indixerit, venient qui sine offensa, qui sine gratia judicent.* (Sénec., epístol. 79.) Dije que no quiso

9

sacarla; añado que ni pudo, no la dejó acabada y le falta aún la última mano; lo que luego se echa de ver en repetir en cosas que no bastaban una vez dichas, como la significación de atajar y atajadores, los daños de la milicia concejil, y otras de este jaez; y aun más de algunas notables omisiones que hacen bulto y muestran falta, cual la de la toma de Galera y muerte de Luis Quijada, advertida y elegantemente suplida por el gran conde de Portalegre; y otra no menor, cuando siendo encomendado lo de la Sierra de Ronda a los dos duques de Medina-Sidonia y de Arcos, cuenta muy extensamente el progreso de este; pero en el otro hace tan alto silencio, que ni aun nos declara las causas de no venir a la empresa; siendo así que para ello debió un tan grande señor tenerlas, y aun muchas y muy justificadas. Otras faltas apuntara, más basten estas dos para ejemplo. Muerto don Diego, viviendo aún personas que él nombraba, duraba el impedimento que en vida; demás de que los eruditos, a quien semejantes cuidados tocan, quieren más ganar fama con escritos proprios que aprovechar a la república con dar luz a los ajenos.

Cuanto a lo segundo, hoy, que son ya pasados cerca de sesenta años, y no hay vivo ninguno de los que aquí se nombran, cesa ya el peligro de la escritura, no doliendo a nadie verse allí más o menos lúcido; y aunque hay de ellos ilustrísimos descendientes o parientes, por haber militado, en esta guerra una muy gran parte de la nobleza de España, sería demasiado melindre y aun desconfianza celar alguna faltilla del difunto que les toca, cuando ninguna de las que se notan es mortal, ni de las que disminuyen la honra o la fama; porque éstas no las hubo ni se cometieron, ni don Diego, siendo quien era, se había de olvidar tanto de sus obligaciones, que las perpetuase, aun cuando se hubieran cometido. Porque la historia escríbese para provecho y utilidad de los venideros, enseñándolos y honrándolos, no corriéndolos o afrentándolos, aun cuando para escarmiento quiera tal vez ensangrentarse la pluma. Tampoco me acobarda el quedar imperfecta; pues si este Júpiter olímpico, estando sentado, toca con la cabeza el techo del templo, ¿adónde llegara con ella si se levantara en pie? ¿Adónde si le colocaran y subieran en una basis?

En esta edición lo que principalmente procuré fue puntualidad, sin dar lugar a ninguna conjetura, ni emendar alguno por juicio proprio: cotejé varios

10

manuscriptos, hallandolos entre sí muy diferentes, hasta que me abracé con el último, y sin dubda alguna el más original, que es uno del duque de Aveiro, en forma de 4.º, trasladado de mano del comendador Juan Baptista Labaña, y corregido de la del conde de Portalegre, con el cual conocí cuan en balde había cansádome con otros. Este texto es el que sigo, sin alterarle en nada, y es el genuino y proprio de quien en su introducción habla aquel gran conde. Deseaba yo ornar las márgenes con lugares de autores clásicos, bien imitados por el nuestro, y no me fuera muy difícil juntarlos; más guardándolo para la postre, me sobrevino esta enfermedad tan larga y pesada, que me imposibilitó; y porque se me da mucha priesa, los guardo para segunda edición, si acaso la hubiere, que espero serán muy gratos a los doctos. Dábame pesadumbre que fuese esta gran obra tan desnuda, que ni unos sumarios llevase, hasta que se me acordó de los que leí en un manuscripto desta Historia, que ha tres años me prestó aquí un caballero que agora está en Lisboa; adonde al amigo que atiende a la edición encargué buscarlos y ponerlos; y según veo en los veinte pliegos que ya están impresos cuando esto escribo, podrán servir en el ínterin; y esto es cuanto se me ofrece decir al lector.

Introducción

de don Juan de Silva, conde de Portalegre, gobernador y capitán general
del reino de Portugal, a la Historia de Granada de don Diego de Mendoza

MOSTRÓ don Diego de Mendoza en la Historia de la guerra de Granada
tanto ingenio y elocuencia, que, al parecer de muchos, adelantó un gran trecho los límites de la lengua castellana. Es el estilo tan grave, y tan cubierto el
artificio que hizo competir una materia estrecha y humilde con las muy finas
de estado y con cuantos misterios quiere Macchiaveli colegir de Tito Livio.
Fue muy diestro en la imitación de los antiguos; tanto, que sin perjuicio de
nuestra lengua, con propriedad y sin afectación se sirve de los conceptos,
de las sentencias, y muchas veces de las palabras de los autores latinos
traducidos a la letra; y se verán en esta obra cláusulas enteras y mayores
pedazos de Salustio y de Cornelio Tácito. Guardó con gran destreza el rigor
o la apariencia de la neutralidad, loando enemigos y culpando amigos: en lo
primero se igualó a los mejores, porque no alaba más de peor gana Salustio
a Marco Tulio, que don Diego al duque de Alba; en lo segundo pienso que
excedió a todos, porque hablando de su padre y de su hermano como de extraños, y de su sobrino cuasi como enemigo, allá no sé por dónde los torna a
enderezar de manera, que vienen a quedar como les cumple, amenazados a
la cabeza, heridos en la ropa, y al fin alabados. Hasta de las imperfecciones,
que no le habían de faltar, puede ser loado, porque tiene gracia en ellas, no
sabiendo refrenar cierta travesura suya que le inclina a burlar con las veras a
veces demasiado. Tuvo todavía una gran desgracia esta historia, que por ser
escrita en estilo tan diverso del ordinario, se corrompieron miserablemente
las copias que della se sacaron, y fueron muchas; porque los que no la
entienden, o a lo menos no la penetran, por la fama del autor la buscan y la
estiman, obligándose a mostrar que gustan della. Y don Diego también no
castigaba mucho sus obras en prosa o en verso, como suelen los grandes
ingenios, que no liman con paciencia lo que labran. De aquí resulta notarle
algunos (con causa o sin causa) que rompió los fueros de la historia, y que
merece más loor por partes que por junto. Resultaron asimismo tantos yerros en la ortografía y en la puntuación, que pasó el daño adelante a trocar,
quitar y añadir palabras, sacando de su sitio las conjunciones y ligaduras de
la oración. Costó trabajo emendar de dos o tres copias ésta, religiosamente

como era justo; porque no se mudaron sino puntos, pasando pocas veces a otra parte las mismas palabras si la cláusula no se puede entender bien de otra manera, o quitando algunas, muy pocas, cuando son notoriamente superfluas. Finalmente, entre esta copia y cualquiera de los originales de donde se sacó, hay menos diferencia de las que ellas entre sí tenían.

Guerra de Granada

hecha por el rey Felipe II contra los moriscos de aquel reino, sus rebeldes

Libro I

Mi propósito es escribir la guerra que el Rey Católico de España don Felipe el II, hijo del nunca vencido emperador don Carlos, tuvo en el reino de Granada contra los rebeldes nuevamente convertidos, parte de la cual yo vi y parte entendí de personas que en ella pusieron las manos y el entendimiento. Bien sé que muchas cosas de las que escribiere parecerán a algunos livianas y menudas para historia, comparadas a las grandes que de España se hallan escritas: guerras largas de varios sucesos; tomas y desolaciones de ciudades populosas; reyes vencidos y presos; discordias entre padres y hijos, hermanos y hermanos, suegros y yernos; desposeídos, restituidos, y otra vez desposeídos, muertos a hierro; acabados linajes; mudadas sucesiones de reinos; libre y extendido campo y ancha salida para los escritores. Yo escogí camino más estrecho, trabajoso, estéril y sin gloria; pero provechoso y de fruto para los que adelante vinieren: comienzos bajos, rebelión de salteadores, junta de esclavos, tumulto de villanos, competencias, odios, ambiciones y pretensiones; dilación de provisiones, falta de dinero, inconvenientes o no creídos, o tenidos en poco; remisión y flojedad en ánimos acostumbrados a entender, proveer, y disimular mayores cosas; y así, no será cuidado perdido considerar de cuán livianos principios y causas particulares se viene a colmo de grandes trabajos, dificultades y daños públicos, y cuasi fuera de remedio. Verase una guerra, al parecer tenida en poco, y liviana dentro en casa; mas fuera estimada y de gran coyuntura; que en cuanto duró tuvo atentos, y no sin esperanza, los ánimos de príncipes amigos y enemigos, lejos y cerca; primero cubierta y sobresanada, y al fin descubierta parte con el miedo y la industria y parte criada con el arte y ambición. La gente que dije, pocos a pocos junta, representada en forma de ejércitos; necesitada España a mover sus fuerzas, para atajar el fuego; el rey salir de su reposo, y acercarse a ella; encomendar la empresa a don Juan de Austria, su hermano, hijo del emperador don Carlos, a quien la obligación de las victorias del padre moviese a dar la cuenta de sí que nos muestra el suceso. En fin, pelearse cada día con enemigos, frío, calor, hambre, falta de municiones, de aparejos en todas partes; daños nuevos, muertes a la continua; hasta que vimos a los enemigos, nación belicosa, entera, armada, y confiada en el sitio, en el favor de los bárbaros y turcos, vencida, rendida, sacada de su tierra, y desposeída de sus casas y bienes; presos, y atados hombres y mujeres; niños cautivos vendidos en almoneda o llevados a habitar a tierras lejos de la suya: cautiverio y transmigración no menor, que las que de otras gentes se leen por las historias. Victoria dudosa, y de sucesos tan peligrosos, que alguna vez se tuvo duda si éramos nosotros o los enemigos los a quien Dios quería castigar; hasta que el fin della descubrió, que nosotros éramos los amenazados, y ellos los castigados. Agradezcan, y acepten esta mi voluntad libre, y lejos de todas las cosas de odio o de amor, los que quisieren tomar ejemplo o escarmiento; que esto solo pretendo por remuneración de mi trabajo, sin que de mi nombre quede otra memoria. Y porque mejor se entienda lo de adelante, diré algo de la fundación de Granada, qué gentes la poblaron al principio, cómo se mezclaron, cómo hubo este nombre, en quién comenzó el reino della; puesto que no sea conforme a la opinión de muchos; pero será lo que hallé en los libros arábigos de la tierra, y los de Muley Hacen, rey de Túnez, y lo que hasta hoy queda en la memoria de los hombres, haciendo a los autores cargo de la verdad.

La ciudad de Granada, según entiendo, fue población de los de Damasco (724), que vinieron con Tarif su capitán, y diez años después que los alárabes echaron a los godos del señorío de España, la escogieron por habitación; porque en el suelo y aire parecía más a su tierra. Primero asentaron en Libira, que antiguamente llamaban Illiberis, y nosotros Elvira, puesta en el monte contrario de donde ahora está la ciudad; lugar falto de agua, de poco aprovechamiento, dicho el Cerro de los Infantes, porque en él tuvieron su campo los infantes don Pedro y don Juan, cuando murieron rotos por Ozmín, capitán del rey Ismael. Era Granada uno de los pueblos de Iberia, y había en él la gente que dejó Tarif Abentiet después de haberla tomado por luengo cerco; pero poca, pobre, y de varias naciones, como sobras de lugar destruido. No tuvieron rey hasta Habuz Aben Habuz (1014), que juntó los moradores de uno y otro lugar, fundando ciudad a la torre de San Josef, que llamaban de los Judíos, en el alcazaba; y su morada en la casa del Gallo, a San Cristóbal, en el Albaicín. Puso en lo alto su estatua a caballo con lanza y adarga, que a manera de veleta se revuelve a todas partes, y letras que dicen: «Dijo Habuz Aben Habuz el sabio, que así se debe defender el Andalucía». Dicen que del nombre de Naath su mujer, y por mirar al poniente (que en su lengua llaman garb), la llamó Garbnaath, como Naath la del poniente. Los alárabes y asianos hablan de los sitios como escriben; al contrario y revés que las gentes de Europa. Otros, que de una cueva a la puerta de Bibataubín, morada de la Cava, hija del conde Julián el traidor, y de Nata, que era su nombre propio, se llamó Garnata, la cueva de Nata. Porque el de la Cava, todas las historias arábigas afirman, que le fue puesto por haber entregado su voluntad al rey de España don Rodrigo, y en la lengua de los alárabes cava quiere decir mujer liberal de su cuerpo. En Granada dura este nombre por algunas partes, y la memoria en el soto y torre de Roma, donde los moros afirman haber morado; no embargante que los que tratan de la destrucción de España, ponen que padre y hija murieron en Ceuta. Y los edificios que se muestran de lejos a la mar sobre el monte, entre las Cuejinas y Xarjel al poniente de Argel, que llaman Sepulcro de la Cava cristiana, cierto es haber sido un templo de la ciudad de Cesárea hoy destruida, y en otros tiempos cabeza de la Mauritania, a quien dio el nombre de Cesariense. Lo de la amiga del rey Abenhut, y la compra que hizo, a ejemplo de Dido, la de Cartago, cercando con un cuero de buey cercenado el sitio donde ahora está la ciudad, los mismos moros lo tienen por fabuloso. Pero lo que se tiene por más verdadero entre ellos, y se halla en la antigüedad de sus escripturas, es haber tomado el nombre de una cueva, que atraviesa de aquella parte de la ciudad hasta la aldea que llaman Alfacar, que en mi niñez yo vi abierta y tenida por lugar religioso, donde los ancianos de aquella nación curaban personas tocadas de la enfermedad que dicen demonio. Esto cuanto al nombre que tuvo en la edad de los moros: tanta variedad hay en las historias arábigas, aunque las llaman ellos Escripturas de la verdad. En la nuestra conformando el sonido del vocablo con la lengua castellana, la decimos Granada, por ser abundante. Habuz Aben Habuz deshizo el reino de Córdoba, y puso a Idriz en el señorío del Andalucía. Con esto, con el desasosiego de las ciudades comarcanas, con las guerras que los reyes de Castilla hacían, con la destrucción de algunas, juntos los dos pueblos en uno, fue maravilla en cuan poco tiempo Granada vino a mucha grandeza. Dende entonces no faltaron reyes en ella hasta Abenhut, que echó de España los almohades, y hizo a Almería cabeza del reino. Muerto Abenhut a manos de los suyos, con el poder y armas del Rey Santo don Fernando el Tercero, tomaron los de Granada por rey a Mahamet Alhamar, que era señor de Arjona, y volvió la silla del reino de Granada, la cual fue en tanto crecimiento, que en tiempo del rey Bulhaxix, cuando estaba en mayor prosperidad, tenía setenta mil casas, según dicen los moros; y en alguna edad hizo tormenta, y en muchas puso cuidado a los reyes de Castilla. Hay fama que Bulhaxix halló el alquimia, y con el dinero della cercó el Albaicín; dividiole de la ciudad, y edificó el Alhambra con la torre que llaman de Comares (porque cupo a los de Comares fundalla); aposento real y nombrado, según su manera de edificio, que después acrecentaron diez reyes sucesores suyos cuyos retratos se ven en una sala; alguno de ellos conocido en nuestro tiempo por los ancianos de la tierra.

Ganaron a Granada los reyes llamados Católicos, Fernando e Isabel (1492), después de haber ellos y sus pasados sojuzgado, y echado los moros de España en guerra continua de setecientos setenta y cuatro años, y cuarenta y cuatro reyes; acabada en tiempo, que vimos al rey último Boabdelí (con grande exaltación de la fe cristiana), desposeído de su reino y ciudad, y tornado a su primera patria allende la mar. Recibieron las llaves de la ciudad en nombre de señorío, como es costumbre de España; entraron al Alhambra, donde pusieron por alcaide y capitán general a don Íñigo López de Mendoza, conde de Tendilla, hombre de prudencia en negocios graves, de ánimo firme, asegurado con luenga experiencia de reencuentros y batallas ganadas, lugares defendidos contra moros en la misma guerra; y por prelado pusieron a fray Fernando de Talavera, religioso de la orden de San Jerónimo, cuyo ejemplo de vida y santidad España celebra, y de los que viven, algunos hay testigos de sus milagros. Diéronles compañía calificada y conveniente para fundar república nueva; que había de ser cabeza de reino, escudo y defensión contra los moros de África, que en otros tiempos fueron sus conquistadores. Mas no bastaron estas provisiones, aunque juntas, para que los moros (cuyos ánimos eran desasosegados y ofendidos), no se levantasen en el Albaicín, temiendo ser echados de la ley, como del estado; porque los reyes, queriendo que en todo el reino fuesen cristianos, enviaron a fray Francisco Jiménez, que fue arzobispo de Toledo y cardenal, para que los persuadiese; mas ellos, gente dura, pertinaz, nuevamente conquistada, estuvieron reacios. Tomose concierto que los renegados o hijos de renegados tornasen a nuestra fe, y los demás quedasen en su ley por entonces. Tampoco esto se observaba, hasta que subió al Albaicín un alguacil, llamado Barrionuevo, a prender dos hermanos renegados en casa de la madre. Alborotose el pueblo, tomaron las armas, mataron al alguacil, y barrearon las calles que bajan a la ciudad; eligieron cuarenta hombres autores del motín para que los gobernasen, como acontece en las cosas de justicia escrupulosamente fuera de ocasión ejecutadas. Subió el conde de Tendilla al Albaicín, y después de habérsele hecho alguna resistencia, apedreándole el adarga (que es entre ellos respuesta de rompimiento), se la tornó a enviar: al fin la recibieron, y pusiéronse en manos de los reyes, con dejar sus haciendas a los que quisiesen quedar cristianos en la tierra, conservar su hábito y lengua, no entrar la Inquisición hasta ciertos años, pagar fardas y las guardas: dioles el Conde por seguridad sus hijos en rehenes. Hecho esto, salieron huyendo los cuarenta electos, y levantaron a Güéjar, Lanjarón, Andarax, y últimamente Sierra Bermeja, nombrada por la muerte de don Alonso de Aguilar, uno de los más celebrados capitanes de España, grande en estado y linaje. Sosegó el conde de Tendilla y concertó el motín de Albaicín; tomó a Güéjar, parte por fuerza, parte rendida sin condición, pasando a cuchillo los moradores y defensores. En la cual empresa, dicen que por no ir a Sierra Bermeja, debajo de don Alonso de Aguilar, su hermano, con quien tuvo emulación, se halló a servir y fue el primero que por fuerza entró en el barrio de abajo, Gonzalo Fernández de Córdoba, que vivía a la sazón en Loja dendeñado de los Reyes Católicos, abriendo ya el camino para el título de Gran Capitán, que a solas dos personas fue concedido en tantos siglos: una entre los griegos caído el imperio en tiempo de los emperadores Comnenos, como a restaurador y defensor dél, a Andrónico Contestefano, llamándole megaduca, vocablo bárbaramente compuesto de griego y latino, como acontece con los estados perderse la elegancia de las lenguas; otra a Gonzalo Fernández entre los españoles y latinos, por la gloria de tantas victorias suyas, como viven y vivirán en la memoria del mundo. Halláronse allí entre otros Alarcón sin ejercicio de guerra, y Antonio de Leiva, mozo teniente de la compañía de Juan de Leiva, su padre, y después sucesor en Lombardía de muchos capitanes generales señalados, y a ninguno de ellos inferior en victorias. La presencia del Rey Católico dio fin con mayor autoridad a esta guerra; mas guardose el rincón de Sierra Bermeja para la muerte de don Alonso de Aguilar; que ganada la sierra y rotos los moros, fue necesitado a quedar en ella con la oscuridad de la noche, y con ella misma le acometieron los enemigos, rompiendo su vanguardia. Murió don Alonso peleando, y salvose su hijo don Pedro entre los muertos: salió el conde de Ureña, aunque dando ocasión a los cantares y libertad española; pero como buen caballero.

Sosegada esta rebelión también por concierto, diéronse los Reyes Católicos a restaurar y mejorar a Granada en religión, gobierno y edificios: establecieron el cabildo, baptizaron los moros, trujeron la Cancillería, y dende a algunos años vino la Inquisición. Gobernábase la ciudad y reino, como entre pobladores y compañeros, con una forma de justicia arbitraria, unidos los pensamientos, las resoluciones encaminadas en común al bien público: esto se acabó con la vida de los viejos. Entraron los celos; la división sobre causas livianas entre los ministros de justicia y de guerra; las concordias en escrito confirmadas por cédulas; traído el entendimiento dellas por cada una de las partes a su opinión; la ambición de querer la una no sufrir igual, y la otra conservar la superioridad, tratada con más disimulación que modestia. Duraron estos principios de discordia disimulada y manera de conformidad sospechosa el tiempo de don Luis Hurtado de Mendoza, hijo de don Íñigo, hombre de gran sufrimiento y templanza; mas sucediendo otros, aunque de conversación blanda y humana, de condición escrupulosa y propria, fuese apartando este oficio del arbitrio militar, fundándose en la legalidad y derechos, y subiéndose hasta el peligro de la autoridad, cuanto a las preeminencias: cosas que cuando estiradamente se juntan, son aborrecidas de los menores y sospechosas a los iguales. Vínose a causas y pasiones particulares, hasta pedir jueces de términos; no para divisiones o suertes de tierras, como los romanos y nuestros pasados, sino con voz de restituir al rey o al público lo que le tenían ocupado, y intento de echar algunos de sus heredamientos. Éste fue uno de los principios en la destrucción de Granada, común a muchas naciones; porque los cristianos nuevos, gente sin lengua y sin favor, encogida y mostrada a servir, veían condenarse, quitar o partir las haciendas que habían poseído, comprado o heredado de sus abuelos, sin ser oídos. Juntáronse con estos inconvenientes y divisiones, otros de mayor importancia, nacidos de principios honestos, que tomaremos de más alto.

Pusieron los Reyes Católicos el gobierno de la justicia y cosas públicas en manos de letrados, gente media entre los grandes y pequeños, sin ofensa de los unos ni de los otros; cuya profesión eran letras legales, comedimiento, secreto, verdad, vida llana y sin corrupción de costumbres; no visitar, no recebir dones no profesar estrecheza de amistades, no vestir, ni gastar suntuosamente; blandura y humanidad en su trato, juntarse a horas señaladas para oír causas o para determinallas, y tratar del bien público. A su cabeza llaman presidente, más porque preside a lo que se trata, y ordena lo que se ha de tratar, y prohíbe cualquier desorden, que porque los manda. Esta manera de gobierno, establecida entonces con menos diligencia, se ha ido extendiendo por toda la cristiandad, y está hoy en el colmo de poder y autoridad: tal es su profesión de vida en común, aunque en particular haya algunos que se desvíen. A la suprema congregación llaman Consejo Real, y a las demás cancillerías; diversos nombres en España, según la diversidad de las provincias. A los que tratan en Castilla lo civil llaman oidores; y a los que tratan lo criminal alcaldes (que en cierta manera son sujetos a los oidores): los unos y los otros por la mayor parte ambiciosos de oficios ajenos y profesión que no es suya, especialmente la militar, persuadidos del ser de su facultad, que (según dicen), es noticia de cosas divinas y humanas, y ciencia de lo que es justo e injusto; y por esto amigos en particular de traer por todo, como superiores, su autoridad, y apuralla a veces hasta grandes inconvenientes y raíces de los que agora se han visto. Porque en la profesión de la guerra se ofrecen casos, que a los que no tienen plática della parecen negligencias; y si los procuran emendar, cáese en imposibilidades y lazos, que no se pueden desenvolver, aunque en ausencia se juzgan diferentemente. Estiraba el Capitán General su cargo sin equidad, y procuraban los ministros de justicia enmendallo. Esta competencia fue causa que menudeasen quejas y capítulos al rey; con que cansados los consejeros, y él con ellos, las provisiones saliesen varias o ningunas, perdiendo con la oportunidad el crédito; y se proveyesen algunas cosas de pura justicia, que atenta la calidad de los tiempos, manera de las gentes, diversidad de ocasiones requerían templanza o dilación. Todo lo de hasta aquí se ha dicho por ejemplo y como muestra de mayores casos, con fin que se vea de cuán livianos principios se viene a ocasiones de grande importancia, guerras, hambres, mortandades, ruinas de estados, y a veces de los señores de ellos. Tan atenta es la Providencia divina a gobernar el mundo y sus partes, por orden de principios y causas livianas que van creciendo por edades, si los hombres las quisiesen buscar con atención.

Había en el reino de Granada costumbre antigua, como la hay en otras partes, que los autores de delitos se salvasen y estuviesen seguros en lugares de señorío: cosa que mirada en común y por la haz, se juzgaba que daba causa a más delitos, favor a los malhechores, impedimento a la justicia, y desautoridad a los ministros della. Pareció por estos inconvenientes, y por ejemplo de otros estados, mandar que los señores no acogiesen gentes desta calidad en sus tierras; confiados que bastaba solo el nombre de justicia para castigallos donde quiera que anduviesen. Manteníase esta gente con sus oficios en aquellos lugares, casábanse, labraban la tierra, dábanse a vida sosegada. También les prohibieron la inmunidad de las iglesias arriba de tres días; mas después que les quitaron los refugios, perdieron la esperanza de seguridad, y diéronse a vivir por las montañas, hacer fuerzas, saltear caminos, robar y matar. Entró luego la duda tras el inconveniente, sobre a qué tribunal tocaba el castigo, nacida de competencia de jurisdicciones; y no obstante que los generales acostumbrasen hacer estos castigos, como parte del oficio de la guerra; cargaron, a color de ser negocio criminal, la relación apasionada o libre de la ciudad, y la autoridad de la audiencia, y púsose en manos de los alcaldes, no excluyendo en parte al Capitán General. Dióseles facultad para tomar a sueldo cierto número de gente repartida pocos a pocos, a que usurpando el nombre llamaban cuadrillas, ni bastantes para asegurar, ni fuertes para resistir. Del desdén, de la flaqueza de provisión, de la poca experiencia de los ministros en cargo que participaba de guerra, nació el descuido, o fuese negligencia o voluntad de cada uno, que no acertase su émulo. En fin, fue causa de crecer estos salteadores (monfíes los llamaban en lengua morisca) en tanto número, que para oprimillos o para reprimillos no bastaban las unas ni las otras fuerzas. Éste fue el cimiento sobre que fundaron sus esperanzas los ánimos escandalizados y ofendidos, y estos hombres fueron el instrumento principal de la guerra. Todo esto parecía al común cosa escandalosa; pero la razón de los hombres, o la Providencia divina (que es lo más cierto), mostró con el suceso que fue cosa guiada para que el mal no fuese adelante, y estos reinos quedasen asegurados mientras fuese su voluntad. Siguiéronse luego ofensas en su ley, en las haciendas y en el uso de la vida, así cuanto a la necesidad, como cuanto al regalo, a que es demasiadamente dada esta nación; porque la Inquisición los comenzó a apretar más de lo ordinario. El rey les mandó dejar la habla morisca, y con ella el comercio y comunicación entre sí; quitóseles el servicio de los esclavos negros, a quienes criaban con esperanzas de hijos, y el hábito morisco, en que tenían empleado gran caudal; obligáronlos a vestir castellano con mucha costa, que las mujeres trujesen los rostros descubiertos, que las casas, acostumbradas a estar cerradas, estuviesen abiertas: lo uno y lo otro tan grave de sufrir entre gente celosa. Hubo fama que les mandaban tomar los hijos y pasallos a Castilla, vedáronles el uso de los baños, que eran su limpieza y entretenimiento; primero les habían prohibido la música, cantares, fiestas, bodas, conforme a su costumbre, y cualesquier juntas de pasatiempo. Salió todo esto junto, sin guardia, ni provisión de gente; sin reforzar presidios viejos o afirmar otros nuevos; y aunque los moriscos estuviesen prevenidos de lo que había de ser; les hizo tanta impresión, que antes pensaron en la venganza que en el remedio. Años había que trataban de entregar el reino a los príncipes de Berbería o al Turco; mas la grandeza del negocio, el poco aparejo de armas, vituallas, navíos, lugar fuerte donde hiciesen cabeza, el poder grande del emperador, y del rey Filipe, su hijo, enfrenaba las esperanzas y imposibilitaba las resoluciones, especialmente estando en pie nuestras plazas mantenidas en la costa de África, las fuerzas del Turco tan lejos, las de los corsarios de Argel más ocupadas en presas y provecho particular, que en empresas difíciles de tierra. Fuéronseles con estas dificultades dilatando los designios, apartándose ellos de los del reino de Valencia; gente menos ofendida y más armada. En fin, creciendo igualmente nuestro espacio por una parte, y por otra los excesos de los enemigos, tantos en número, que ni podían ser castigados por manos de justicia ni por tan poca gente como la del Capitán General, eran ya sospechosas sus fuerzas para encubiertas, aunque flacas para puestas en ejecución. El pueblo de cristianos viejos adivinaba la verdad, cesaba el comercio y paso de Granada a los lugares de la costa: todo era confusión, sospecha, temor, sin resolver, proveer, ni ejecutar. Vista por ellos esta manera en nosotros, y temiendo que con mayor aparejo les contraviniésemos, determinaron algunos de los principales de juntarse en Cádiar, lugar entre Granada, y la mar y el río de Almería, a la entrada de la Alpujarra. Tratose del cuándo y cómo se debían descubrir unos a otros, de la manera del tratado y ejecución; acordaron que fuese en la fuerza del invierno, porque las noches largas les diesen tiempo para salir de la montaña y llegar a Granada, y a una necesidad tornarse a recoger y poner en salvo; cuando nuestras galeras reposaban repartidas por los invernaderos y desarmadas; la noche de Navidad, que la gente de todos los pueblos está en las iglesias, solas las casas, y las personas ocupadas en oraciones y sacrificios; cuando descuidados, desarmados, torpes con el frío, suspensos con la devoción, fácilmente podían ser oprimidos de gente atenta, armada, suelta, y acostumbrada a saltos semejantes. Que se juntasen a un tiempo cuatro mil hombres de la Alpujarra, con los del Albaicín, y acometiesen la ciudad y el Alhambra, parte por la puerta, parte con escalas; plaza guardada más con la autoridad que con la fuerza; y porque sabían que el Alhambra no podía dejar de aprovecharse de la artillería, acordaron que los moriscos de la Vega tuviesen por contraseño las primeras dos piezas que se disparasen, para que en un tiempo acudiesen a las puertas de la ciudad, las forzasen, entrasen por ellas y por los portillos; corriesen las calles, y con el fuego y con el hierro no perdonasen a persona ni a edificio. Descubrir el tratado sin ser sentidos y entre muchos, era dificultoso: pareció que los casados lo descubriesen a los casados, los viudos a los viudos, los mancebos a los mancebos; pero a tiento, probando las voluntades y el secreto de cada uno. Habían ya muchos años antes enviado a solicitar con personas ciertas, no solamente a los príncipes de Berbería, mas al emperador de los turcos dentro en Constantinopla, que los socorriese y sacase de servidumbre, y postreramente al rey de Argel pedido armada de levante y poniente en su favor; porque faltos de capitanes, de cabezas, de plazas fuertes, de gente diestra, de armas, no se hallaron poderosos para tomar, y proseguir a solas tan gran empresa. Demás de esto resolvieron proveerse de vitualla, elegir lugar en la montaña donde guardalla, fabricar armas, reparar las que de mucho tiempo tenían escondidas, comprar nuevas, y avisar de nuevo a los reyes de Argel, Fez, señor de Tetuán de esta resolución y preparaciones. Con tal acuerdo partieron aquella habla; gente a quien el regalo, el vicio, la riqueza, la abundancia de las cosas necesarias, el vivir luengamente en gobierno de justicia e igualdad desasosegaba, y traía en continuo pensamiento.

Dende a pocos días se juntaron otra vez con los principales del Albaicín en Churriana fuera de Granada, a tratar del mismo negocio. Habíanles prohibido, como arriba se dijo, todas las juntas en que concurría número de gente; pero teniendo el rey y el prelado más respeto a Dios que al peligro, se les había concedido que hiciesen un hospital y cofradía de cristianos nuevos, que llamaron de la Resurrección. (Dicen en español cofradía una junta de personas, que se prometen hermandad en oficios divinos y religiosos con obras.) En días señalados concurrían en el hospital a tratar de su rebelión con esta cubierta, y para tener certinidad de sus fuerzas, enviaron personas pláticas de la tierra por todos los lugares del reino, que con ocasión de pedir limosna, reconociesen las partes dél a propósito para acogerse, para recebir los enemigos, para traellos por caminos más breves, más secretos, más seguros, con más aparejo de vituallas, y éstos echasen un pedido a manera de limosna; que los de veinte y cuatro años hasta cuarenta y cinco contribuyesen diferentemente de los viejos, mujeres, niños y impedidos: con tal astucia reconocieron el número de la gente útil para tomar armas, y la que había armada en el reino.

Estos y otros indicios, y los delitos de los monfíes más públicos, graves y a menudo que solían, dieron ocasión al marqués de Mondéjar, al conde de Tendilla su hijo, a cuyo cargo estaba la guerra, a don Pedro de Deza, presidente de la cancillería, caballero que había pasado por todos los oficios de su profesión y dado buena cuenta de ellos, al arzobispo, a los jueces de Inquisición, de poner nuevo cuidado y diligencia en descubrir los motivos de estos hombres, y asegurarse parte con lo que podían y parte con acudir al rey y pedir mayores fuerzas cada uno, según su oficio, para hacer justicia, y reprimir la insolencia; que este nombre le ponían, como a cosa incierta; hasta que estando el marqués de Mondéjar en Madrid, fue avisado el rey más particularmente. Partió el marqués en diligencia, y llevó comisión para crecer en la guardia del reino alguna poca gente, pero la que pareció que bastaba en aquella ocasión y en las que se ofreciesen por mar contra los moros berberíes. Mas las personas a cuyo cargo era la provisión, aunque se creyeron los avisos, o importunados con el menudear de ellos, o juzgando a los autores por más ambiciosos que diligentes, hicieron provisión tan pequeña, que bastó para mover las causas de la enfermedad y no para remedialla, como suelen medicinas flojas en cuerpos llenos. Por lo cual vistas por los monfíes y principales de la conjuración las diligencias que se hacían de parte de los ministros para apurar la verdad del tratado; el temor de ser prevenidos, y la avilanteza de nuestras pocas fuerzas, los acució a resolverse sin aguardar socorro, con solo avisar a Berbería del término en que las cosas se hallaban, y solicitar gente y armas con la armada, dando por contraseño que entre los navíos que viniesen de Argel y Tetuán trajesen las capitanas una vela colorada, y que los navíos de Tetuán acudiesen a la costa de Marbella para dar calor a la sierra de Ronda y tierra de Málaga, y los de Argel a Cabo de Gata, que los romanos llamaban Promontorio de Caridemo, para socorrer a la Alpujarra y ríos de Almería y Almazora, y mover con la vecindad los ánimos de la gente sosegada en el reino de Valencia. Mas éstos estuvieron siempre firmes, o que en la memoria de los viejos quedase el mal suceso de la sierra de Espadán en tiempo del emperador Carlos; o que teniendo por liviandad el tratado, y dificultosa la empresa, esperasen a ver cómo se movía la generalidad, con qué fuerzas, fundamento y certeza de esperanzas en Berbería. Enviaron a Argel al Partal que vivía en Narila, lugar del partido de Cadiar, hombre rico, diligente y tan cuerdo, que la segunda vez que fue a Berbería, llevó su hacienda y dos hermanos, y se quedó en Argel. Éste y el Jeniz, que después vendió y mató al Abenabó, su señor, a quien ellos levantaron por segundo rey, estaban en aquella congregación como diputados en nombre de toda la Alpujarra; y por tener alguna cabeza en quien se mantuviesen unidos, más que por sujetarse a otras sino a las que el rey de Argel los nombrase, resolvieron en 27 de setiembre (1568) hacer rey, persuadidos con la razón de don Fernando de Valor, el Zaguer, que en su lengua quiere decir el menor, a quien por otro nombre llamaban Aben-Jauhar, hombre de gran autoridad y de consejo maduro, entendido en las cosas del reino y de su ley. Éste viendo que la grandeza del hecho traía miedo, dilación, diversidad de casos, mudanzas de pareceres, los juntó en casa de Zinzán, en el Albaicín, y los habló:

«Poniéndoles delante la opresión en que estaban, sujetos a hombres públicos y particulares, no menos esclavos que si lo fuesen. Mujeres, hijos, haciendas y sus proprias personas en poder y arbitrio de enemigos, sin esperanza en muchos siglos de verse fuera de tal servidumbre; sufriendo tantos tiranos como vecinos, nuevas imposiciones, nuevos tributos, y privados del refugio de los lugares de señorío, donde los culpados, puesto que por accidentes o por venganzas (ésta es la causa entre ellos más justificada), se aseguran; echados de la inmudad y franqueza de las iglesias, donde por otra parte los mandaban asistir a los oficios divinos con penas de dinero; hechos sujetos de enriquecer clérigos; no tener acogida a Dios ni a los hombres; tratados y tenidos como moros entre los cristianos para ser menospreciados, y como cristianos entre los moros para no ser creídos ni ayudados. —Excluidos de la vida y conservación de personas, mándannos que no hablemos nuestra lengua; no entendemos la castellana: ¿en qué lengua habemos de comunicar los conceptos, y pedir o dar las cosas, sin que no puede estar el trato de los hombres? Aun a los animales no se vedan las voces humanas. ¿Quién quita que el hombre de lengua castellana no pueda tener la ley del Profeta, y el de la lengua morisca la ley de Jesús? Llaman a nuestros hijos a sus congregaciones y casas de letras; enséñanles artes que nuestros mayores prohibieron aprenderse, porque no se confundiese la puridad, y se hiciese litigiosa la verdad de la ley. Cada hora nos amenazan quitarlos de los brazos de sus madres y de la crianza de sus padres, y pasarlos a tierras ajenas, donde olviden nuestra manera de vida, y aprendan a ser enemigos de los padres que los engendramos, y de las madres que los parieron. Mándannos dejar nuestro hábito y vestir el castellano. Vístense entre ellos los tudescos de una manera, los franceses de otra, los griegos de otra, los frailes de otra, los mozos de otra, y de otra los viejos; cada nación, cada profesión y cada estado usa su manera de vestido, y todos son cristianos; y nosotros moros, porque vestimos a la morisca, como si trujésemos la ley en el vestido, y no en el corazón. Las haciendas no son bastantes para comprar vestidos para dueños y familias; del hábito que traíamos no podemos disponer, porque nadie compra lo que no ha de traer; para traello es prohibido, para vendello es inútil. Cuando en una casa se prohibiere el antiguo, y comprare el nuevo del caudal que teníamos para sustentarnos, ¿de qué viviremos? Si queremos mendigar, nadie nos socorrerá como a pobres, porque somos pelados, como ricos; nadie nos ayudará, porque los moriscos padecemos esta miseria y pobreza, que los cristianos no nos tienen por prójimos. Nuestros pasados quedaron tan pobres en la tierra de las guerras contra Castilla, que casando su hija el alcaide de Loja, grande y señalado capitán que llamaban Alatar, deudo de algunos de los que aquí nos hallamos, hubo de buscar vestidos prestados para la boda. ¿Con qué haciendas, con qué trato, con qué servicio o industria, en qué tiempo adquiriremos riqueza para perder unos hábitos y comprar otros? Quítannos el servicio de los esclavos negros; los blancos no nos eran permitidos por ser de nuestra nación; habíamoslos comprado, criado, mantenido: ¿esta pérdida sobre las otras? ¿Qué harán los que no tuvieren hijos que los sirvan, ni hacienda con que mantener criados si enferman, si se inhabilitan, si envejecen, sino prevenir la muerte? Van nuestras mujeres, nuestras hijas, tapadas las caras, ellas mismas a servirse y proveerse de lo necesario a sus casas; mándanles descubrir los rostros: si son vistas, serán codiciadas y aun requeridas, y veráse quién son las que dieron la avilanteza al atrevimiento de mozos y viejos. Mándannos tener abiertas las puertas que nuestros pasados con tanta religión y cuidado tuvieron cerradas; no las puertas, sino las ventanas y resquicios de casa. ¿Hemos de ser sujetos de ladrones, de malhechores, de atrevidos y desvergonzados adúlteros, y que éstos tengan días determinados y horas ciertas, cuando sepan que pueden hurtar nuestras haciendas, ofender nuestras personas, violar nuestras honras? No solamente nos quitan la seguridad, la hacienda, la honra, el servicio, sino también los entretenimientos, así los que se introdujeron por la autoridad, reputación y demostraciones de alegría en las bodas, zambras, bailes, músicas, comidas, como los que son necesarios para la limpieza, convenientes para la salud. ¿Vivirán nuestras mujeres sin baños, introducción tan antigua? ¿Veranlas en sus casas tristes, sucias, enfermas, donde tenían la limpieza por contentamiento, por vestido, por sanidad?

»Representoles el estado de la cristiandad, las divisiones entre herejes y católicos en Francia, la rebelión de Flandes, Inglaterra sospechosa; y los flamencos huidos solicitando en Alemania a los príncipes della. El rey falto de dineros y gente plática, mal armadas las galeras, proveídas a remiendos, la chusma libre; los capitanes y hombres de cabo descontentos, como forzados. Si previniesen, no solamente el reino de Granada, pero parte del Andalucía, que tuvieron sus pasados, y agora poseen sus enemigos, pueden ocupar con el primer ímpetu, o mantenerse en su tierra, cuando se contenten con ella sin pasar adelante. Montaña áspera, valles al abismo, sierras al cielo, caminos estrechos, barrancos y derrumbaderos sin salida: ellos, gente suelta, plática en el campo, mostrada a sufrir calor, frío, sed, hambre; igualmente diligentes y animosos al acometer, prestos a desparcirse y juntarse; españoles contra españoles, muchos en número, proveídos de vitualla, no tan faltos de armas que para los principios no les basten; y en lugar de las que no tienen, las piedras delante de los pies, que contra gente desarmada son armas bastantes. Y cuanto a los que se hallaban presentes, que en vano se habían juntado, si cualquiera de ellos no tuviera confianza del otro que era suficiente para dar cobro a tan gran hecho, y si, como siendo sentidos habían de ser compañeros en la culpa y el castigo, no fuesen después parte en las esperanzas y frutos dellas, llegándolas al cabo; cuanto más que ni las ofensas podían ser vengadas, ni deshechos los agravios, ni sus vidas y casas mantenidas, y ellos fuera de servidumbre, sino por medio del hierro, de la unión y concordia, y una determinada resolución con todas sus fuerzas juntas; para lo cual era necesario elegir cabeza de ellos mismos, o fuese con nombre de jeque, o de capitán, o de alcaide, o de rey, si les pluguiese, que los tuviese juntos en justicia y seguridad».

Jeque llaman ellos al más honrado de una generación, quiere decir, el más anciano: a éstos dan el gobierno con autoridad de vida y muerte. Y porque esta nación se vence tanto más de la vanidad de la astrología y adivinanzas, cuanto más vecinos estuvieron sus pasados de Caldea, donde la ciencia tuvo principio, no dejó de acordalles a este propósito, cuantos años atrás por boca de grandes sabios en movimiento y lumbre de estrellas, y profetas en su ley, estaba declarado que se levantarían a tornar por sí; cobrarían la tierra y reinos que sus pasados perdieron, hasta señalar el mismo año después que Mahoma les dio la ley (alhegira le llaman ellos en su cuenta, que quiere decir el destierro, porque la dio siendo de esterrado de Meca), y venía justo con esta rebelión. Representoles prodigios, y apariencias extraordinarias de gente armada en el aire a las faldas de Sierra Nevada, aves de desusada manera dentro en Granada, partos monstruosos de animales en tierra de Baza, y trabajos del Sol con el eclipse de los años pasados, que mostraban adversidad a los cristianos, a quien ellos atribuyen el favor, o disfavor de este planeta, como así el de la Luna.

Tal fue la habla que don Fernando el Zaguer les hizo; con que quedaron animados, indignados y resueltos en general de rebelarse presto, y en particular de elegir rey de su nación; pero no quedaron determinados en el cuándo precisamente, ni a quién. Una cosa muy de notar califica los principios desta rebelión, que gente de mediana condición, mostrada a guardar poco secreto y hablar juntos, callasen tanto tiempo, y tantos hombres, en tierra donde hay alcaldes de corte e inquisidores, cuya profesión es descubrir delitos. Había entre ellos un mancebo llamado don Fernando de Valor, sobrino de don Fernando el Zaguer, cuyos abuelos se llamaron Hernandos y de Valor, porque vivían en Valor el alto lugar de la Alpujarra puesto cuasi en la cumbre de la montaña: era descendiente del linaje de Aben Humeya, uno de los nietos de Mahoma, hijos de su hija, que en tiempos antigos tuvieron el reino de Córdoba y el Andalucía; rico de rentas, callado y ofendido, cuyo padre estaba preso por delitos en las cárceles de Granada. En éste pusieron los ojos; así porque les movió la hacienda, el linaje, la autoridad del tío; como porque había vengado la ofensa del padre matando secretamente uno de los acusadores y parte de los testigos.

Desta resolución, aunque no tan en particular, hubo noticia y fue el rey avisado; pero estaba el negocio cierto y el tiempo en duda; y como suele acontecer a las provisiones en que se junta la dificultad con el temor, cada uno de los consejeros era en que se atajase con mayor poder; pero juntos juzgaban ser el remedio fácil, y las fuerzas de los ministros bastantes, el dinero poco necesario, porque había de salir del mismo negocio; y menospreciaban esto, encareciendo el remedio de mayores cosas; porque los estados de Flandes, desasosegados por el príncipe de Orange, eran recién pacificados por el duque de Alba. Mas, puesto que las fuerzas del rey, y la experiencia del duque capitán, criado debajo de la disciplina del emperador, testigo y parte en sus victorias, bastasen para mayores empresas; todavía lo que se temía de parte de Inglaterra, y las fuerzas de los hugonotes en Francia, y algunas sospechas de príncipes de Alemania y designios de Italia, daban cuidado; y tanto mayor por ser la rebelión de Flandes por causas de religión comunes con los franceses, ingleses, y alemanes, y por quejas de tributos y gravezas comunes con todos los que son vasallos, aunque sean livianas y ellos bien tratados.

Esto dio a los enemigos mayor avilanteza, y a nosotros causa de dilación. Comenzaron a juntar más al descubierto gente de todas maneras: si hombre ocioso había perdido su hacienda, malbaratádola por redimir delitos; si homicida, salteador o condenado en juicio, o que temiese por culpas que lo sería; los que se mantenían de perjurios, robos, muertes; los que la maldad, la pobreza, los delitos traían desasosegados, fueron autores o ministros desta rebelión. Si algún bueno había y fuera de semejantes vicios, con el ejemplo y conversación de los malos brevemente se tornaba como ellos; porque cuando el vínculo de la vergüenza se rompe entre los buenos, más desenfrenados son en las maldades que los peores. En fin, el temor de que eran descubiertos, y sería prevenida su determinación con el castigo; movió a los que gobernaban el negocio, y entre ellos a don Fernando el Zaguer, a pensar en algún caso con que obligasen y necesitasen al pueblo a salir de tibieza, y tomar las armas. Juntáronse tercera vez las cabezas de la conjuración y otras, con veinte y seis personas del Alpujarra a San Miguel en casa del Hardón, hombre señalado entre ellos, a quien mandó el duque de Arcos después justiciar; posaba en la casa del Carcí, yerno suyo. Eligieron a don Fernando de Valor por rey con esta solemnidad: los viudos a un cabo, los por casar a otro, los casados a otro, y las mujeres a otra parte. Leyó uno de sus sacerdotes, que llaman faquíes, cierta profecía hecha en el año de los árabes de..., y comprobada por la autoridad de su ley, consideraciones de cursos y puntos de estrellas en el cielo, que trataba de su libertad por mano de un mozo de linaje real, que había de ser bautizado y hereje de su ley, porque en lo público profesaría la de los cristianos. Dijo que esto concurría en don Fernando y concertaba con el tiempo. Vistiéronle de púrpura, y pusiéronle a torno del cuello y espaldas una insignia colorada a manera de faja. Tendieron cuatro banderas en el suelo, a las cuatro partes del mundo, y él hizo su oración inclinándose sobre las banderas, el rostro al oriente (zalá la llaman ellos), y juramento de morir en su ley y en el reino; defendiéndola a ella y a él, y a sus vasallos. En esto levantó el pie, y en señal de general obediencia postrose Aben Farax en nombre de todos, y besó la tierra donde el nuevo rey tenía la planta. A éste hizo su justicia mayor; lleváronle en hombros, levantáronle en alto diciendo: «Dios ensalce a Mahomet Aben Humeya, rey de Granada y de Córdoba. Tal era la antigua ceremonia con que elegían los reyes de la Andalucía, y después los de Granada. Escribieron cartas los capitanes de la gente a los compañeros en la conjuración; señalaron día y hora para ejecutalla; fueron los que tenían cargos a sus partidos. Nombró Aben Humeya por capitán general a su tío Aben Jahuar, que partió luego para Cadiar, donde tenía casa y hacienda.

Pasaba el capitán Herrera a la sazón de Granada para Adra con cuarenta caballos, y vino a hacer la noche en Cadiar. Mas Aben Jahuar el Zaguer vista la ocasión tan a su propósito, habló con los vecinos persuadiéndoles que cada uno matase a su huésped. No fueron perezosos; porque pasada la media noche no hubo dificultad en matar muchos a pocos, armados a desarmados, prevenidos a seguros; y torpes con el sueño, con el cansancio, con el vino, pasaron al capitán y a los soldados por la espada. Venida la mañana, juntáronse, y tomaron lo áspero de la sierra, como gente levantada; donde ni hubo tiempo ni aparejo para castigallos. Éste fue el primer exceso y más descubierto con que los enemigos, o por fuerza o por voluntad, fueron necesitados a tomar las armas sin otra respuesta de Berbería más de esperanzas, y ésas generales. Era entonces Selim el Segundo, emperador de los turcos recién heredado, victorioso por la toma de Zigueto, plaza fuerte y proveída en Hungría; había hecho nueva tregua con el emperador Maximiliano el Segundo, concertándose con el Sofí por la parte de Armenia, y por la de Suria con los jeques alárabes que le trabajaban sus confines, y con los genízaros, infantería que se suele desasosegar con la entrada de nuevo señor. Tenía en el ánimo las empresas que descubrió contra venecianos en Cypro, contra el rey de Túnez en Berbería; y que como no le convenía repartir sus fuerzas en muchas partes, así le convenía que las del Rey Católico estuviesen repartidas y ocupadas. Dícese, que en este tiempo vino del rey de Argel respuesta a los moriscos, animándolos a perseverar en la prosecución del tratado, pero excusándose de enviar el armada, con que esperaba orden de Constantinopla. El rey de Fez, como religioso en su ley, y del linaje de los Jarifes, tenidos entre los moros por santos, les prometió más resuelto socorro. Todavía vinieron por medio de personas fiadas a tratar ambos reyes de la calidad del caso, de la posibilidad de los moriscos; y midiendo sus fuerzas de mar y tierra con las del rey de España, hallaron no ser bastantes para contrastalle; y aunque se confederaron, solo fue para que el rey de Argel hiciese la empresa de Túnez y Biserta, en tanto que el rey don Filipe estaba ocupado en allanar la rebelión de Granada; y juntamente permitir que de sus tierras fuese alguna gente a sueldo en especial de moros andaluces, que se habían pasado a Berbería; y mercaderes pudiesen cargar armas, municiones, vitualla, con que los moriscos fuesen por sus dineros socorridos.

Alpujarra llaman toda la montaña sujeta a Granada, como corre de levante a poniente prolongándose entre tierra de Granada y la mar, diez y siete leguas en largo, y once en lo más ancho, poco más o menos: estéril y áspera de suyo, sino donde hay vegas; pero con la industria de los moriscos (que ningún espacio de tierra dejan perder), tratable y cultivada, abundante de frutos y ganados y cría de sedas. Esta montaña, como era principal en la rebelión, así la escogieron por sitio en que mantener la guerra, por tener la mar, donde esperaba socorro, por la dificultad de los pasos y calidad de la tierra, por la gente que entre ellos es tenida por brava. Habían ya pensado rebelarse otras dos veces antes, una Jueves Santo, otra por setiembre de este año: tenían prevenido a Aluch Alí con el armada de Argel; mas él entendiendo que el conde de Tendilla estaba avisado y aguardándole en el campo, volvió, dejándose de la empresa, con el armada a Berbería. En fin a los 23 de diciembre, luego que sucedió el caso de Cadiar, la misma gente con las armas mojadas en la sangre de aquellos pocos, salieron en público; movieron los lugares comarcanos y los demás de la Alpujarra y río de Almería, con quien tenían común el tratado, enviando por corredores y para descubrir los ánimos y motivo de la gente de Granada y la Vega, a Farax Aben Farax con hasta ciento y cincuenta hombres, gente suelta y desmandada, escogida entre los que mayor obligación y más esfuerzo tenían. Ellos, recogiendo la que se les llegaba, tomaron resolución de acometer a Granada, y caminaron para ella con hasta seis mil hombres mal armados, pero juntos y con buena orden, según su costumbre.

En España no había galeras; el poder del rey ocupado en regiones apartadas; y el reino fuera de tal cuidado, todo seguro, todo sosegado; que tal estado era el que a ellos parecía más a su propósito. Los ministros y gente en Granada más sospechosa, que proveída; como pasa donde hay miedo y confusión. Pero fue acontecimiento hacer aquella noche tan mal tiempo, y caer tanta nieve en la sierra que llaman Nevada y antiguamente Soloria, y los moros Solaira; que cegó los pasos y veredas cuanto bastaba, para que tanto número de gente no pudiese llegar. Mas Farax con los ciento y cincuenta hombres, poco antes del amanecer entró por la puerta alta de Guadix, donde junta con Granada el camino de la sierra, con instrumentos y gaitas, como es su costumbre. Llegaron al Albaicín, corrieron las calles, procuraron levantar el pueblo haciendo promesas, pregonando sueldo de parte de los reyes de Fez y Argel, y afirmando que con gruesas armadas eran llegados a la costa del reino de Granada: cosa que escandalizó y atemorizó los ánimos presentes, y a los ausentes dio tanto más en qué pensar, cuanto más lejos se hallaban; porque semejantes acaecimientos, cuanto más se van apartando de su principio, tanto parecen mayores y se juzgan con mayor encarecimiento. ¡Y que en un reino pacífico, lleno de armas, prudencia, justicia, riquezas; gobernado por el rey que pocos años antes había hecho en persona el mayor principio que nunca hizo rey en España; vencido en un año dos batallas, ocupado por fuerza tres plazas al poder de Francia, compuesto negocio tan desconfiado como la restitución del duque de Saboya, hecho por sus capitanes otras empresas, atravesado sus banderas de Italia a Flandes (viaje al parecer imposible), por tierras y gentes que después de las armas romanas nunca vieron otras en su comarca; pacificado sus estados con victorias, con sangre, con castigos; dentro, en el reposo, en la seguridad de su reino, en ciudad poblada por la mayor parte de cristianos, tanto mar en medio, tantas galeras nuestras; entrase gente armada con espaldas de tantos hombres por medio de la ciudad, apellidando nombres de reyes infieles enemigos! Estado poco seguro es el de quien se descuida, creyendo que por sola su autoridad nadie se puede atrever a ofendelle. Los moriscos, hombres más prevenidos que diestros, esperaban por horas la gente de la Alpujarra: salían el Tagarí y Monfarrix, dos capitanes, todas las noches al cerro de Santa Helena por reconocer; y salieron la noche antes con cincuenta hombres escogidos, y diez y siete escalas grandes, para juntándose con Farax entrar en el Alhambra; mas visto que no venían al tiempo, escondiendo las escalas en una cueva se volvieron, sin salir la siguiente noche, pareciéndoles como poco pláticos de semejantes casos, que la tempestad estorbaría a venir tanta gente junta, con que pudiesen ellos y sus compañeros poner en ejecución el tratado del Alhambra; debiéndose esperar semejante noche para escalarla. Mas los del Albaicín estuvieron sosegados en las casas, cerradas las puertas, como ignorantes del tratado, oyendo el pregón; porque aunque se hubiese comunicado con ellos, no con todos en general ni particularmente, ni estaban todos ciertos del día (aunque se dilató poco la venida), ni del número de la gente, ni de la orden con que entraban, ni de la que en lo por venir ternían. Díjose que uno de los viejos abriendo la ventana, preguntó cuántos eran, y respondiéndole seis mil, cerró y dijo: «Pocos sois y venís presto»; dando a entender que habían primero de comenzar por el Alhambra, y después venir por el Albaicín, y con las fuerzas del rey de Argel. Tampoco se movieron los de la Vega, que seguían a los del Albaicín; especialmente no oyendo la artillería del Alhambra que tenían por contraseño. Había entre los que gobernaban la ciudad emulación y voluntades diferentes; pero no por esto así ellos como la gente principal y pueblo, dejaron de hacer la parte que tocaba a cada uno. Estúvose la noche en armas; tuvo el conde de Tendilla el Alhambra a punto, escandalizado de la música morisca, cosa en aquel tiempo ya desusada; pero avisado de lo que era, con mejor guardia. El marqués, aunque no tenía noticia de la contraseño que los moros habían dado a la gente de la Vega, y él le tenía dado a la gente de la ciudad, que en la ocasión había de disparar tres piezas; temiendo que si se hacía pensasen los moros que estaba en aprieto, y acometiesen el Alhambra en que había poca guardia, mandó que ningún movimiento se hiciese, ni se pidiese gente a la ciudad; que fue la salvación del peligro, aunque proveído a otro propósito; porque acudiendo los moriscos de la Vega a la contraseño, necesitaban a los del Albaicín a declararse y juntarse con ellos, y como descubiertos, combatir la ciudad. Bajó el Conde a la plaza nueva y puso la gente en orden: acudieron muchos de los forasteros y de la ciudad, personas principales, al presidente don Pedro de Deza, por su oficio, por el cuidado que le habían visto poner en descubrir y atajar el tratado, por su afabilidad, buena manera generalmente con todos, y algunos por la diferencia de voluntades que conocían entre él y el marqués de Mondéjar. Éste con solos cuatro de a caballo y el corregidor, subió al Albaicín, más por reconocer lo pasado, que suspender el daño que se esperaba, o asosegar los ánimos que ya tenía por perdidos, contento con alargar algún día el peligro; mostrando confianza, y gozar del tiempo que fuese común a ellos, para ver como procedían sus valedores; y a él para armarse y proveerse de lo necesario, y resistir a los unos y a los otros. Habloles: «Encareció su lealtad y firmeza, su prudencia en no dar crédito a la liviandad de pocos y perdidos, sin prendas, livianos; hombres que con las culpas ajenas pensaban redimir sus delitos o adelantarse. Tal confianza se había hecho siempre, y en casos tan calificados, de la voluntad que tenían al servicio del rey, poniendo personas, haciendas y vidas con tanta obediencia a los ministros; ofreciéndose de ser testigo, y representador de su fe y servicios, intercediendo con el rey para que fuesen conocidos, estimados y remunerados». Pero ellos respondiendo pocas palabras, y ésas más con semblante de culpados y arrepentidos que de determinados; ofrecieron la obra y perseverancia que habían mostrado en todas las ocasiones; y pareciéndole al marqués bastar aquello sin quitalles el miedo que tenían del pueblo, se bajó a la ciudad. Había ya enviado a reconocer los enemigos; porque ni del propósito, ni del número, ni de la calidad de ellos, ni de las espaldas con que habían entrado se tenía certeza, ni del camino que hacían. Refirieron que habiendo parado en la casa de las Gallinas, atravesaban el Genil la vuelta de la sierra; puso recaudo en los lugares que convenía; encomendó al corregidor la guardia de la ciudad; dejó en el Alhambra donde había pocos soldados mal pagados, y éstos de a caballo, el recaudo que bastaba, juntando a éste los criados y allegados del conde de Tendilla, personas de crédito y amistades en la ciudad. Él, con la caballería que se halló, siguió a los enemigos llevando consigo a su yerno y hijos; siguiéronle, parte por servir al rey, parte por amistad o por probar sus personas, por curiosidad de ver toda la gente desocupada y principal que se hallaba en la ciudad. Salió con la gente de su casa el conde de Miranda don Pedro de Zúñiga, que a la sazón residía en pleitos, grande, igual en estado y linaje: eran todos pocos, pero calificados. Mas los enemigos, visto que los vecinos del Albaicín estaban quedos, y los de la Vega no acudían; con haber muerto un soldado, herido otro, saqueado una tienda y otra como en señal de que habían entrado, tomaron el camino que habían traído, y por las espaldas de la Alhambra prolongando la muralla, llegaron a la casa que por estar sobre el río llamaban los moros Dar-al-huet, y nosotros de las Gallinas, según los atajadores habían referido. Pararon a almorzar, y estuvieron hasta las ocho de la mañana: todo guiado por Farax para mostrar que había cumplido con la comisión, y acusar a los del Albaicín o su miedo o su desconfianza, y aun con esperanza que llegada la gente de la Alpujarra harían más movimiento. Pero después que ni lo uno ni lo otro le sucedió, acogiose al camino de Nigüeles arrimándose a la falda de la montaña, y puesto en lo áspero, caminó haciendo muestra que esperaba. Pocos de la compañía del marqués alcanzaron a mostrarse, y ninguno llegó a las manos por la aspereza del sitio; aunque le siguieron por el paso del río de Monachil hasta atravesar el barranco, y de allí al paraje de Dilar, por donde entraron sin daño en lo más áspero.

Duró este seguimiento hasta el anochecer, que pareció al marqués poco necesario quedar allí, y mucho proveer a la guarda y seguridad de la ciudad; temeroso que juntándose los moriscos del Albaicín con los de la Vega, la acometerían sola de gente y desarmada. Tornó una hora antes de media noche, y sin perder tiempo comenzó a prevenir y llamar la gente que pudo, sin dineros, y que estaba más cerca; los que por servir al rey, los que por su seguridad, por amistad del marqués, memoria del padre y abuelo, cuya fama era grande en aquel reino, por esperanza de ganar, por el ruido o por vanidad de la guerra, quisieron juntarse. Hizo llamamientos generales, pidiendo gente a las ciudades y señores de la Andalucía, a cada uno conforme a la obligación antigua y usanza de los concejos, que era venir la gente a su costa el tiempo que duraba la comida que podían traer a los hombros (talegas las llamaban los pasados, y nosotros ahora mochilas). Contábase para una semana; mas acabada, servían tres meses pagados por sus pueblos enteramente, y seis meses adelante pagaban los pueblos la mitad, y otra mitad el rey: tornaban éstos a sus casas, venían otros; manera de levantarse gente dañosa para la guerra y para ella, porque siempre era nueva. Esta obligación tenían como pobladores por razón del sueldo que el rey les repartía por heredades, cuando se ganaba algún lugar de los enemigos. Llamó también a soldados particulares aunque ocupados en otras partes; a los que vivían al sueldo del rey, a los que, olvidadas o colgadas las esperanzas y armas, reposaban en sus casas. Proveyó de armas y de vitualla; envió espías por todas partes a calar el motivo de los enemigos; avisó y pidió dineros al rey, para resistillos y asegurar la ciudad. Mas en ella era el miedo mayor que la causa: cualquier sospecha daba desasosiego, ponía los vecinos en arma; discurrir a diversas partes, de ahí volver a casa; medir el peligro cada uno con su temor, trocados de continua paz en continua alteración, tristeza, turbación, y prisa; no fiar de persona ni de lugar; las mujeres a unas y a otras partes preguntar, visitar templos: muchas de las principales se acogieron a la Alhambra, otras con sus familias salieron, por mayor seguridad, a lugares de la comarca. Estaban las casas yermas y las tiendas cerradas; suspenso el trato, mudadas las horas de oficios divinos y humanos, atentos los religiosos y ocupados en oraciones y plegarias, como se suele en tiempo y punto de grandes peligros. Llegó en las primeras la gente de las villas sujetas a Granada, la de Alcalá y Loja; envió el marqués una compañía que sacase los cristianos viejos que estaban en Restával, cierto que el primer acometimiento sería contra ellos: en Dúrcal puso dos compañías; porque los enemigos no pasasen a Granada sin quedar guarnición de gente a las espaldas; y a don Diego de Quesada con una compañía de infantería y otra de caballos en guarda de la puente de Tablate, paso derecho de la Alpujarra a Granada. El presidente, aliviado ya del peligro presente, comenzó a pensar con más libertad en el servicio del rey o en la emulación contra el marqués de Mondéjar: escribió a don Luis Fajardo, marqués de Vélez, que era Adelantado del reino de Murcia y Capitán General en la provincia de Cartagena (ciudad nombrada más por la seguridad del puerto y por la destrucción que en ella hizo Scipión el Africano, que por la grandeza o suntuosidad del edificio), animándole a juntar gente de aquellas provincias y de sus deudos y amigos, y entrar en el río de Almería, donde haría servicio al rey, socorrería aquella ciudad que de mar y tierra estaba en peligro, y aprovecharía a la gente con las riquezas de los enemigos. Era el marqués tenido por diligente y animoso; y entre él y el marqués de Mondéjar hubo siempre diferencias y alongamiento de voluntad, traído dende los padres y abuelos. El de Vélez sirvió al emperador en las empresas de Túnez y Provenza, el de Mondéjar en la de Argel; ambos tenían noticia de la tierra donde cada uno de ellos servía. Comenzó el de Vélez a ponerse en orden, a juntar gente, parte a sueldo de su hacienda, parte de amigos.

Entre tanto el nuevo electo rey de Granada, en cuanto le duró la esperanza que el Albaicín y la Vega habían de hacer movimiento, estuvo quedo;

mas como vio tan sosegada la gente, y las voluntades con tan poca demostración; salió solo camino de la Alpujarra: encontráronle a la salida de
Lanjarón, a pie, el caballo del diestro; pero siendo avisado que no pasase
adelante, porque la tierra estaba alborotada, subió en su caballo, y con más
prisa tomó el camino de Valor. Habían los moriscos levantados hecho de sí
dos partes; una llevó el camino de Órgiba, lugar del duque de Sesa (que fue
de su abuelo el gran capitán), entre Granada y la entrada de la Alpujarra, al
levante tierra de Almería, al poniente la de Salobreña y Almuñécar, al norte la
misma Granada, al mediodía la mar con muchas calas donde se podían acoger navíos grandes. Sobre esta villa, como más importante, se pusieron dos
mil hombres repartidos en veinte banderas: las cabezas eran el alcaide de
Mecina y el corcení de Motril. Fueron los cristianos viejos avisados, que serían como ciento y sesenta personas, hombres, mujeres y niños; recogiolos
en la torre Gaspar de Saravia, que estaba por el duque. Mas los moros comenzaron a combatirla; pusieron arcabucería en la torre de la iglesia, que los
cristianos saltando fuera echaron della: llegáronse a picar la muralla con una
manta, la cual les desbarataron echando piedras y quemándola con aceite
y fuego; quisieron quemar las puertas, pero halláronlas ciegas con tierra y
piedra. Amonestábalos a menudo un almuédano dende la iglesia con gran
voz, que se rindiesen a su rey Aben Humeya. (Dicen almuédano al hombre
que a voces los convoca a oración, porque en su ley se les prohibe el uso de
las campanas). Llamaron a un vicario de Poqueira, hombre entre los unos y
los otros de autoridad y crédito, para que los persuadiese a entregarse; certificándoles que Granada y el Alhambra estaban ya en poder de los moros:
prometían la vida y libertad al que se rindiese, y al que se tornase moro la
hacienda y otros bienes para él y sus sucesores: tales eran los sermones que
les hacían. La otra banda de gente caminó derecho a Granada a hacer espaldas a Farax Aben Farax y a los que enviaron, y a recebir al que ellos llamaban
rey, a quien encontraron cerca de Lanjarón, y pasaron con él adelante hasta
Dúrcal. Pero entendiendo que el marqués había dejado puesta guarnición en
él, volvieron a Valor el alto, y de allí a un barrio que llaman Laujar en el medio
de la Alpujarra; adonde con la misma solemnidad que en Granada, le alzaron
en hombros y le eligieron por su rey. Allí acabó de repartir los oficios, alcaidías, alguacilazgos por comarcas (a que ellos llaman en su lengua tahas), y

por valles, y declaró por capitán general a su tío Aben Jahuar que llamaban don Fernando el Zaguer, y por su alguacil mayor a Farax Aben Farax. (Alguacil dicen ellos al primer oficio después de la persona del rey, que tiene libre poder en la vida y muerte de los hombres sin consultarlo). Vistiéronle de púrpura; pusiéronle casa como a los reyes de Granada, según que lo oyeron a sus pasados. Tomó tres mujeres; una con quien él tenía conversación y la trujo consigo, otra del río de Almanzora, y otra de Tavernas; porque con el deudo tuviese aquella provincia más obligada, sin otra con quien él primero fue casado, hija de uno que llamaban Rojas. Mas dende a pocos días mandó matar al suegro y dos cuñados, porque no quisieron tomar su ley; dejó la mujer, perdonó la suegra, porque la había parido, y quiso gracias por ello como piadoso. Comenzaron por el Alpujarra, río de Almería, Boloduí, y otras partes a perseguir a los cristianos viejos, profanar y quemar las iglesias con el Sacramento, martirizar religiosos y cristianos, que, o por ser contrarios a su ley, o por haberlos doctrinado en la nuestra, o por haberlos ofendido, les eran odiosos. En Güecija, lugar del río de Almería, quemaron por voto un convento de frailes agustinos, que se recogieron a la torre, echándoles por un horado de lo alto aceite hirviendo: sirviéndose de la abundancia que Dios les dio en aquella tierra, para ahogar sus frailes. Inventaban nuevos géneros de tormentos: al cura de Mairena hinchieron de pólvora y pusiéronle fuego; al vicario enterraron vivo hasta la cinta, y jugáronle a las saetadas; a otros lo mismo dejándolos morir de hambre. Cortaron a otros miembros, y entregáronlos a las mujeres, que con agujas los matasen; a quien apedrearon, a quien acañavearon, desollaron, despeñaron; y a los hijos de Arce, alcaide de la Peza, uno degollaron, y otro crucificaron, azotándole, y hiriéndole en el costado primero que muriese. Sufriolo el mozo, y mostró contentarse de la muerte conforme a la de nuestro Redentor, aunque en la vida fue todo al contrario, y murió confortando al hermano que descabezaron. Estas crueldades hicieron los ofendidos por vengarse; los monfíes por costumbre convertida en naturaleza. Las cabezas, o las persuadían, o las consentían; los justificados las miraban y loaban, por tener al pueblo más culpado, más obligado, más desconfiado, y sin esperanzas de perdón; permitíalo el nuevo rey, y a veces lo mandaba. Fue gran testimonio de nuestra fe, y de compararse con la del tiempo de los apóstoles, que en tanto número de gente como murió a manos de infieles, ninguno hubo (aunque todos o los más fuesen requiridos y persuadidos con seguridad, autoridad y riquezas, y amenazados y puestas las amenazas en obra) que quisiese renegar; antes con humildad y paciencia cristiana las madres confortaban a los hijos, los niños a las madres, los sacerdotes al pueblo, y los más distraídos se ofrecían con más voluntad al martirio. Duró esta persecución cuanto el calor de la rebelión, y la furia de las venganzas; resistiendo Aben Jahuar y otros tan blandamente, que encendían más lo uno y lo otro. Mas el rey, porque no pareciese que tantas crueldades se hacían con su autoridad, mandó pregonar que ninguno matase niño de diez años abajo, ni mujer ni hombre sin causa. En cuanto esto pasaba envió a Berbería a su hermano (que ya llamaban Abdalá), con presente de cautivos y la nueva de su elección al rey de Argel, la obediencia al señor de los turcos; diole comisión que pidiese ayuda para mantener el reino. Tras él envió a Hernando el Habaquí a tomar turcos a sueldo, de quien adelante se hará memoria. Mas éste dejando concertados soldados, trajo consigo un turco llamado Dalí, capitán, con armas y mercaderes en una fusta. Recibió el rey de Argel a Abdalá como a hermano del rey; regalole y vistiole de paños de seda; enviole a Constantinopla, mas por entretener al hermano con esperanzas, que por dalle socorro. En este mismo tiempo se acabaron de rebelar los demás lugares del río de Almería.

Estaba entonces en Dalías Diego de la Gasca, capitán de Adra, que habiendo entendido el motín víspera de Navidad (día señalado generalmente para rebelarse todo el reino), iba por reconocer a Ujíjar; mas hallándola levantada, fue seguido de los enemigos hasta encerralle en Adra, lugar guardado a la marina, asentando cuasi donde los antiguos llamaban Abdera; que Pedro Verdugo, proveedor de Málaga, con barcos abasteció de gente y vituallas luego que entendió la muerte del capitán Herrera en Cadiar. Pasaron adelante, visto el poco efecto que hacían en Adra; y juntando con su misma gente hasta mil y cuatrocientos hombres con un moro que llamaban el Ramí, ocuparon el Chitre (Chutre le dicen otros), sitio fuerte junto a Almería, creyendo que los moriscos vecinos de la ciudad tomarían las armas contra los cristianos viejos: escribieron y enviaron personas ciertas a solicitar entre otros a don Alonso de Venegas, hombre noble de gran autoridad, que con la carta cerrada se fue al ayuntamiento de los regidores; y leída, pensando un poco cayó desmayado, mas tornándole los otros regidores y reprendiéndole, respondió: «Recia tentación es la del reino»; y dioles la carta en que parecía como le ofrecían tomalle por rey de Almería. Vivió doliente dende entonces, pero leal y ocupado en el servicio del rey. Estaba don García de Villarroel, yerno de don Juan, el que murió dende a poco en las Guájaras, por capitán ordinario en Almería, y tomando la gente de la ciudad y la suya, dio sobre los enemigos otro día al amanecer, pensando ellos que venía gente en su ayuda: rompiolos, y mató al Ramí con algunos. Los que de allí escaparon, juntándose con otra banda del Cehel, y llevando a Hocaid de Motril por capitán, tomaron a Castil de Ferro, tenencia del duque de Sesa, por tratado, matando la gente, sino a Machín, el Tuerto, que se la vendió. De ahí pasaron a Motril, juntaron una parte del pueblo, y llevaron casas de moriscos volviendo sobre Adra; de donde salió Gasca con cuarenta caballeros y noventa arcabuceros a reconocellos, y apartándose llamó un trompeta, cuyo nombre era Santiago, para enviar a mandar la gente, mas fue tan alta la voz, que pudieron oílla los soldados, y creyendo que dijese Santiago, como es costumbre de España para acometer los enemigos, arremetieron sin más orden. Juntose Diego de la Gasca con ellos, y fueron cuasi rotos los moros, retirándose con pérdida de cien hombres a la sierra. Iban estas nuevas cada día creciendo; menudeaban los avisos del aprieto en que estaban los de la torre en Órgiba; que los moros de Berbería habían prometido gran socorro; que amenazaban a Almería y otros lugares aunque guardados en la marina, proveídos con poca gente. Temía el marqués, si grueso número se acercase a Granada, que desasosegarían el Albaicín, levantarían las aldeas de la Vega, y tanto mayores fuerzas cobrarían, cuanto se tardase más la resistencia; daríase ánimo a los turcos de Berbería de pasar a socorrellos con mayor prisa, confianza y esperanza; fortificarían plazas en que recogerse, y no les faltarían personas pláticas de esto y de la guerra entre otras naciones que les ayudasen, y afirmarían el nombre de reino, puesto que vano y sin fundamento, perjudicial y odioso a los oídos del señor natural, por grande y poderoso que sea; daríase avilanteza a los descontentos, para pensar novedades.

Estando las cosas en estos términos vino Aben Humeya con la gente que tenía sobre Tablate, y trabando con don Diego de Quesada una escaramuza gruesa, cargó tanta gente de enemigos, que le necesitó a dejar la puente, y retirarse a Dúrcal. Estas razones y el caso de don Diego fueron parte para que el marqués, con la gente que se hallaba, saliese de Granada a resistillos, hasta que viniese más número con que acometellos a la iguala; dejando proveído a la guarda y seguridad de la ciudad y Alhambra a su hijo el conde de Tendilla por su teniente; al corregidor el sosiego, el gobierno, la provisión de vituallas, la correspondencia de avisar al uno y al otro, con el presidente, de cuya autoridad se valiesen en las ocasiones. Salió de Granada a los tres de hebrero (1569) con propósito de socorrer a Órgiba: vino a Alendín y de allí al Padul. La gente que sacó fueron ochocientos infantes, y doscientos caballos; demás déstos, los hombres principales que o con edad o con enfermedad o con ocupaciones públicas no se excusaron, seguíanle, mirábanle como a salvador de la tierra, olvidada por entonces o disimulada la pasión. Paró en el Padul pensando esperar allí la gente de la Andalucía sin dinero, sin vitualla, sin bagajes: con tan poca gente tomó la empresa; pero la misma noche a la segunda guardia oyéndose golpes de arcabuz en Dúrcal, creyendo todos que los enemigos habían acometido la guardia que allí estaba, partió con la caballería: halló que, sintiendo su venida por el ruido de los caballos en el cascajo del río, se habían retirado con la oscuridad de la noche, dejando el lugar y llevando herida alguna gente; y el marqués para no darle avilanteza tornando al Padul, acordó hacer en Dúrcal la mesa. En tiempo de tres días llegaron cuatro banderas de Baeza con que crecía el marqués a mil y ochocientos infantes y una compañía de noventa caballos; y teniendo aviso del trabajo en que estaban los de Órgiba, y que Aben Humeya juntaba gente para estorballe el paso de Tablate, salió de Dúrcal.

Entre tanto el conde de Tendilla recebía y alojaba la gente de las ciudades y señores en el Albaicín; y porque no bastaba para asegurarse de los moriscos de la ciudad y la tierra, y proveer a su padre de gente, nombró diez y siete capitanes, parte hijos de señores, parte caballeros de la ciudad, parte soldados, pero todos personas de crédito: aposentolos, y mantúvolos sin palas con alojamiento y contribuciones. El marqués dejando guardia en Dúrcal, paró aquella noche en Elchite, de donde partió en orden camino de la puente; y habiendo enviado una compañía de caballos con alguna arcabucería a recoger la gente que había quedado atrás, para que asegurasen los bagajes y embarazos, y mandado volver a Granada los desarmados que vinieron de la Andalucía; tuvo aviso que los enemigos le esperaban, parte en la ladera, parte en la salida de la misma puente, y la estaban rompiendo. Eran todos cuasi tres mil y quinientos hombres, los más de ellos armados de arcabuces y ballestas, los otros con hondas y armas enhastadas: comenzose una escaramuza trabada; mas el marqués visto que remolinaban algunas picas de su escuadrón, arremetió adelante con la gente particular de manera, que apretó los enemigos hasta forzarlos a dejar la puente, y pasó una banda de arcabucería por lo que della quedaba entero. Con esta carga fueron rotos del todo, retrayéndose en poca orden a lo alto de la montaña. Algunos arcabuceros llegaron a Lanjarón, y entraron en el castillo que estaba desamparado: reparose la puente con puertas, con rama, con madera que se trajo del lugar de Tablate, por donde pasó la caballería: el resto del campo se aposentó en él sin seguir los enemigos, por ser ya tarde y haberse ellos acogido a lo fuerte, donde los caballos no les podían dañar. El día siguiente dejando en la puente al capitán Valdivia con su compañía para seguridad de las escoltas que iban de Granada a la Alpujarra por ser paso de importancia, tomó el camino de Órgiba donde los enemigos le esperaban al paso en la cuesta de Lanjarón; y habiendo sacado una banda de arcabucería con algunos caballos, mandó a don Francisco, su hijo, que con ellos se mejorase en lo alto de la montaña, yendo él su camino derecho sin estorbo; porque Aben Humeya con miedo que le tomasen los nuestros las cumbres que tenía para su acogida, dejó libre el paso; aunque la noche antes había tenido su campo enfrente del nuestro con muchas lumbres y música en su manera, amenazando nuestra gente y apercibiéndola para otro día a la batalla. Llegado el marqués a Órgiba socorrió la torre, en término que si tardara, era necesario perderse por falta de agua y vitualla, cansados de velar y resistir. He querido hacer tan particular memoria del caso de Órgiba, porque en él hubo todos los accidentes que en un cerco de grande importancia; sitiados y combatidos, quitadas las defensas, salidas de los de dentro contra los cercadores, a falta de artillería picados los muros, al fin hambreados, socorridos con la diligencia que ciudades o plazas importantes; hasta juntarse dos campos tales cuales entonces los había, uno a estorbar, otro a socorrer, darse batalla donde intervino persona y nombre de rey. Socorrida y proveída Órgiba de vitualla, munición y gente, la que bastaba para asegurar las espaldas al campo, mandando volver a Granada a orden del Conde su hijo cuatro compañías de caballería, y una de infantería para guarda de la ciudad, partió contra Poqueira, donde tuvo aviso que Aben Humeya había parado resuelto de combatir: juntó con su gente dos compañías, una de infantería y otra de caballos, que le vino de Córdoba. Cerca del río que divide el camino entre Órgiba y Poqueira, descubrió los enemigos en el paso, que llaman Alfajarali. Eran cuatro mil hombres los principales que gobernaban apeados: hicieron una ala delgada en medio, a los costados espesa de gente como es su costumbre ordenar el escuadrón; a la mano derecha cubiertos con un cerro, había emboscados quinientos arcabuceros y ballesteros; demás de esto otra emboscada en lo hondo del barranco, luego pasado el río, de mucho mayor número de gente. La que el marqués llevaba serían dos mil infantes y trescientos caballos en un escuadrón prolongado guarnecido de arcabucería y mangas, según la dificultad del camino. La caballería, parte en la retaguardia, parte a un lado, donde la tierra era tal que podían mandarse los caballos; pero guarnecida asimismo de alguna infantería; porque en aquella tierra, aunque los caballos sirvan más para atemorizar que para ofender, todavía son provechosos. Apartó del escuadrón dos bandas de arcabucería y cien caballos, con que su hijo don Francisco fuese a tomar las cumbres de la montaña: en esta orden bajando al río, comenzó a subir escaramuzando con los enemigos; mas ellos cuando pensaron que nuestra gente iba cansada, acometieron por la frente, por el costado, y por la retaguardia, todo a un tiempo; de manera que cuasi una hora se peleó con ellos a todas partes y a las espaldas, no sin igualdad y peligro; porque la una banda de arcabucería estuvo en términos de desorden, y la caballería lo mismo; pero socorrió el marqués con su persona los caballos, y enviando socorro a los infantes. Viendo los enemigos que les tomaba los altos nuestra arcabucería, ya rotos se recogieron a ellos con tiempo, desamparando el paso. Siguiose el alcance más de media legua hasta un lugar que dicen Lubien: la noche y el cansancio estorbó que no se pasase adelante; murieron de ellos en este reencuentro cuasi seiscientos, de los nuestros siete; hubo muchos heridos de arcabuces y ballestas. Don Francisco de Mendoza, hijo del marqués, y don Alonso Portocarrero, fueron aquel día buenos caballeros, entre otros que allí se hallaron: don Francisco, cercado y fuera de la silla, se defendió con daño de los enemigos rompiendo por medio. Don Alonso herido de dos saetadas con yerba, peleó hasta caer trabado del veneno usado dende los tiempos antiguos entre cazadores. Mas porque se va perdiendo el uso della con el de los arcabuces, como se olvidan muchas cosas con la novedad de otras, diré algo de su naturaleza. Hay dos maneras, una que se hace en Castilla en las montañas de Béjar y Guadarrama (a este monte llamaban los antiguos Orospeda, y al otro Idubeda), cociendo el zumo de vedegambre a que en lengua romana y griega dicen eléboro negro hasta que hace correa, y curándolo al Sol, lo espesan y dan fuerza; su olor agudo no sin suavidad, su color oscuro, que tira a rubio. Otra se hace en las montañas nevadas de Granada de la misma manera, pero de la yerba que los moros dicen rejalgar, nosotros yerba, los romanos y griegos acónito, y porque mata los lobos, licoctonos; color negro, olor grave, prende más presto, daña mucha carne; los accidentes en ambas los mismos, frío, torpeza, privación de vista, revolvimiento de estómago, arcadas, espumajos, desflaquecimiento de fuerzas hasta caer. Envuélvese la ponzoña con la sangre donde quiera que la halla, y aunque toque la yerba a la que corre fuera de la herida, se retira con ella, y la lleva consigo por las venas al corazón, donde ya no tiene remedio; mas antes que llegue hay todos los generales: chúpanla para tirarla a fuera, aunque con peligro; psylos llamaban en lengua de Egipto a los hombres que tenían este oficio. El particular remedio es zumo de membrillo, fruta tan enemiga de esta yerba, que donde quiera que la alcanza el olor, le quita la fuerza; zumo de retama, cuyas hojas machacadas he yo visto lanzar de suyo por la herida cuanto pueden buscando el veneno hasta topallo y tiralle afuera: tal es la manera desta ponzoña, con cuyo zumo untan las saetas envueltas en lino, porque se detenga. La simplicidad de nuestros pasados que no conocieron manera de matar personas sino a hierro, puso a todo género de veneno nombre de yerbas: usose en tiempos antiguos en las montañas de Abruzzo, en las de Candía, en las de Persia; en los nuestros, en los Alpes que llaman Monsenis hay cierta yerba poco diferente, dicha tora, con que matan la caza, y otra que dicen antora a manera de dictamno, que la cura.

Entrose Poqueira, lugar tan fuerte, que con poca resistencia se defendiera contra mucho mayores fuerzas. Los moros, confiándose del sitio, le habían escogido por depósito de sus riquezas, de su mujeres, hijos, y vituallas:

todo se dio a saco; los soldados ganaron cantidad de oro, ropa, esclavos, la vitualla se aprovechó cuanto pudo; mas la priesa de caminar en seguimiento de los enemigos, porque en ninguna parte se afirmasen, y la falta de bagajes en que la cargar y gente con que aseguralla, fue causa de quemar la mayor parte, porque ellos no se aprovechasen. Partió el marqués el día siguiente de Poqueira, y vino a Pitres, donde se detuvo curando los heridos, dando cobro a muchos cautivos cristianos que libertó, ordenando las escoltas, y tomando lengua. Alcanzáronle en este lugar dos compañías de caballos de Córdoba y una de infantería: en él tuvo nueva como Aben Humeya con mayor número de gente le esperaba en el puerto que llaman de Jubiles, lugar, a su parecer de ellos, donde era imposible pasar sin pérdida. Mas queriendo los enemigos tentar primero la fortuna de la guerra, saltearon nuestro alojamiento con cinco banderas, en que había ochocientos hombres: el día siguiente a medio día, aprovechándose de la niebla y de la hora del comer, acometieron por tres partes, y porfiaron de manera, hasta que llegaron a los cuerpos de guardia peleando; pero en ellos fueron resistidos con pérdida de gente y dos banderas: hubo algunos heridos de los nuestros. Sosegada y refrescada la gente, dejando los heridos y embarazos con buena guardia, partió el marqués ahorrado contra Aben Humeya; y por descuidarle escogió el camino áspero de Trévelez por la cumbre de la sierra de Poqueira, donde algunos moros desmandados desasosegaron nuestra retaguardia sin daño. Pasose aquella noche fuera de Trévelez sobre la nieve, con poco aparejo y frío demasiado. Había venido a Pitres un mensajero de Zaguer que decían Aben Jahuar, tío y general de Aben Humeya a pedir apuntamientos de paz; pero llevándole el marqués consigo le respondió «que brevemente pensaba dalle la respuesta, como convenía al servicio de Dios y del rey». Dícese que ya el Zaguer andaba recatado de que Aben Humeya le buscase la muerte; y continuando su camino para Jubiles con una compañía más de infantería y otra de caballos de Écija, cuyo capitán era Tello de Aguilar, llegó a vista de Jubiles donde salió un cristiano viejo con tres moros a entregalle el castillo. Había dentro mujeres y hijos de los moros que estaban en campo con Aben Humeya, gente inútil y de estorbo para quien no tiene cuenta con las mujeres y niños, y algunos moros de paz viejos; mas porque era necesario ocupar mucha gente para guardallos, y si quedaran sin guarda se huyeran a los enemigos, mandó que los llevasen a Jubiles. Acaeció, que un soldado de los atrevidos llegó a tentar una mujer si traía dineros, y alguno de los moriscos, o fuese marido o pariente, a defendella, de que se trabó tal ruido, que de los moriscos cuasi ninguno quedó vivo; de las moriscas hubo muchas muertas, de los nuestros algunos heridos, que con la oscuridad de la noche se hacían daño unos a otros. Dícese que hubo gente de los enemigos mezclada para ver si con esta ocasión pudieran desordenar el campo y que, arrepentidos de la entrega que el Zaguer hizo, los padres, hermanos y maridos de las moras quisieron procurar su libertad: la oscuridad de la noche y la confusión fue tanta, que ni capitanes ni oficiales pudieron estorbar el daño.

Libro II

En tanto que las cosas de la Alpujarra pasaban como tenemos dicho, se juntaron hasta quinientos moros con dos capitanes, Girón de las Albuñuelas, y Nacoz de Nigüeles a tentar la guardia, que el marqués había dejado en la puente de Tablate; teniendo por cierto que si de allí la pudiesen apartar, se quitaría el paso y el aparejo a las escoltas, y nuestro campo con falta de vituallas se desharía. Vinieron sobre la puente hallándola falta de gente, y la que había desapercibida: acometieron con tanto denuedo, que la hicieron retirar; parte no paró hasta Granada, muchos de ellos murieron sin pelear en el alcance; parte se encerraron en una iglesia donde acabaron quemados, con que la puente quedó por los enemigos. Mas el conde de Tendilla, sabida la nueva, envió a llamar con diligencia a don Álvaro Manrique, capitán del marqués de Pliego, que con trescientos infantes y ochenta caballos de su cargo estaba alojado dos leguas de Granada. Llegó a la puente de Genil al amanecer donde el Conde le esperaba con ochocientos infantes y ciento y veinte caballos: avisado del número de los enemigos entregole la gente, y diole orden que peleando con ellos, desembarazado el paso le dejase guardado, y él con el resto della pasase a buscar al marqués. Cumplió don Álvaro con su comisión hallando la puente libre y los moros idos.

En Jubiles llegó el capitán don Diego de Mendoza enviado por el rey, para que llevase relación de la guerra, manera de como se gobernaba el marqués, del estado en que las cosas se hallaban; porque los avisos eran tan diferentes, que causaban confusión en las provisiones; como no faltan personas que por pretensiones o por pasión o por opinión o buen celo culpan o escusan las obras de los ministros. Partió el marqués de Jubiles, vino a Cadiar donde fue la muerte del capitán Herrera; de allí a Ujíjar: en el camino mandó combatir una cueva, en que se defendían encerrados cantidad de moros con sus mujeres y hijos, hasta que con fuego y humo fueron tomados. Estando en Ujíjar fue avisado que Aben Humeya, juntas todas sus fuerzas, le esperaba en el paso de Paterna tres leguas de Ujíjar, y sin detenerse partió. Caminando le vinieron dos moros de parte de Aben Humeya con nuevos partidos de paz, mas el marqués sin respuesta los llevó consigo hasta dar con su vanguardia en la de los enemigos; y en una quebrada junto a Iñiza pelearon con harta pertinacia, por ser más de cinco mil hombres y mejor armados que en Jubiles: pero fueron rotos del todo tomándoles el alto, y acometiéndolos con la caballería don Alonso de Cárdenas conde de la Puebla: no se siguió el alcance por ser noche. Envió el marqués doscientos caballos, que le siguieron hasta la nieve y aspereza de la sierra, matando y cautivando; y él a dos horas de noche paró en Iñiza: otro día vino a Paterna; diola a saco; no hallaron los soldados en ella menos riqueza que en Poqueira. El reencuentro de Paterna fue la postrera jornada en que Aben Humeya tuvo gente junta contra el marqués; el cual partió sin detenerse para Andarax en seguimiento de las sobras de los enemigos, habiendo enviado delante infantería y caballería a buscallos en el llano, y en la sierra que dicen el Cehel cerca de la mar: montaña buena para ganados, caza y pesca; aunque en algunas partes falta de agua. Dicen los moros, que fue patrimonio del conde Julián el traidor, y aún duran en ella y cerca memorias de su nombre; la torre, la rambla Juliana, y Castil de Ferro. Llegado a Andarax envió a su hijo don Francisco con cuatro compañías de infantería y cien caballos a Oháñez, donde entendió que se recogían enemigos: mas por avisos ciertos del capitán de Adra supo que en él no había cuarenta personas. Y por alguna falta de vituallas le mandó tornar. Recogió y envió a Granada gran cantidad de cautivos cristianos, a quien había dado libertad en todos los pueblos que ganó y se le rindieron: recibió los lugares que sin condición se le entregaron. Estaba Diego de la Gasca sospechoso en Adra, que los vecinos de Turón, lugar de los rendidos en el Cehel, acogían moros enemigos, y queriendo él por sí saber la verdad para dar aviso al marqués, fue con su gente; mas no hallando moros entró de vuelta a buscar cierta casa, de donde salió uno de ellos que le dio cierta carta de aviso fingida, y al abrirla le metió un puñal por el vientre: hirió también dos soldados antes que le matasen. Murió Gasca de las heridas, y mandó en su testamento que las ganancias que había hecho en la guerra se repartiesen entre soldados pobres, huérfanos, viudas, mujeres y hijas de soldados: era sobrino hijo de hermano de Gasca obispo de Sigüenza, que venció en una batalla a los Pizarros y pacificó el reino del Perú.

En el mismo tiempo don Luis Fajardo marqués de Vélez, gran señor en el reino de Murcia, solicitado, como dijimos, por cartas del presidente de Granada había salido con sus amigos, deudos y allegados a entrar en el reino de Almería: era la gente que llevaba número de dos mil infantes y trescientos caballos, la mayor parte escogidos. La primera jornada fue combatir una gruesa banda de moros, que atravesaban desmandados en Illar; de allí fue sobre Filix: tomola, y saqueola enriqueciendo la gente; peleose con harto riesgo y porfía; murieron de los enemigos muchos, pero más mujeres que hombres, entre ellos su capitán, llamado Futei, natural de Cenete. Hecho esto, por falta de vituallas se recogió a los lugares del río de Almería; donde para mantener la gente y su persona vino a Cosar de Canjáyar, barranco de la Hambre le llaman por otro nombre en su lengua, porque en él se recogieron los moros, cuando el Rey Católico don Fernando hizo la empresa de Andarax en el primer levantamiento, donde pasaron tanta hambre que cuasi todos murieron.

La toma de Poqueira, Jubiles y Paterna puso temor a los enemigos, porque tenían reputación de fuertes, e indignación por la pérdida que en ellos hicieron de todas sus fortunas: comenzaron a recogerse en lugares ásperos, ocupar las cumbres y riscos de las montañas fortificando a su parecer lo que bastaba; pero no como gente plática, antes ponían todas sus esperanzas y seguridad en esparcirse, y dejando la frente al enemigo pasar a las espaldas, más con apariencia de descabullirse, que de acometer. Pareció al marqués con estos sucesos quedar llana toda la Alpujarra; y dando la vuelta por Andarax y Cadiar, tornó a Órgiba, por estar más en comarca de la mar, río de Almería, Granada y la misma Alpujarra. Entre tanto, aunque la rebelión parecía estar en el Alpujarra en términos de sosegada, echó raíces por diversas partes: a la parte de poniente por las Guájaras, tres lugares pequeños juntos que parten la tierra de Almuñécar de la de Valle de Lecrin puestos en el valle que desciende al puerto de la Herradura; desdichado por la pérdida de veinte y tres galeras anegadas con su capitán general don Juan de Mendoza, hombre de no menos industria y ánimo que su padre don Bernardino y otros de sus pasados, que en diversos tiempos valieron en aquel ejercicio. El señor de uno de aquellos lugares, o con ánimo de tenellos pacíficos, o de roballos y cautivar la gente, juntando consigo hasta doscientos soldados desmandados de la costa, forzó a los vecinos que le alojasen y contribuyesen extraordinariamente. Vista por ellos la violencia dilatándolo hasta la noche, le acometieron de improviso, y necesitaron a retraerse en la iglesia, donde quemaron a él y a los que entraron en su compañía. No dio tiempo a los malhechores la presteza del caso para pensar en otro partido más llano, que juntarse, llegando a sí, de la gente de lugares vecinos, tres mil personas de todas edades, en que había mil y quinientos hombres de provecho, armados de arcabuces, ballestas, lanzas y gorguzes, y parte hondas, como la ira y la posibilidad les daba; y sin tomar capitán, de común parecer ocuparon dos peñones, uno alto de subida áspera y difícil, otro menor y más llano. Aquí pusieron su guardia y se repararon sin traveses, parte con piedra seca, parte con mantas y jalmas como rumbadas, a falta de rama y tierra. Estos dos sitios escogieron para su seguridad, juntando después consigo algunos salteadores Girón, Marcos el Zamar, capitanes, y otros hombres a quien convidaba la fortaleza del sitio, el aparejo de la comarca y la ocasión de las presas. Fue el marqués avisado, que andaba visitando algunos lugares de la tierra como seguro de tal novedad; y visto que el fuego se comenzaba por parte peligrosa de lugares importantes, guardados a la costa con poca gente, recelando que saltase a la sierra de Bentomiz o a la Hoya y Jarquía de Málaga; deliberó partir con cuasi dos mil infantes y doscientos caballos, avisando al Conde que de Granada le reforzase con más gente de pie y de caballo. Eran los más aventureros o concejiles: tomó el camino de las Guájaras dejando a sus espaldas lugares, como Oháñez y Valor, el alto, sospechosos y sobresaltados, aunque solos de gente, según los avisos. Algunos le juzgaban, diciendo, que pudiera enviar otra persona o a su hijo el Conde en su lugar; pero él escogió para sí la empresa con este peligro, o porque el rey, vista la importancia del caso no le proveyese de compañero, o por entretener la gente en la ganancia: tanto puede la ambición en los hombres puesto que sea loable, que aun de los hijos se recatan. Sacar al Conde de Granada, que le aseguraba la ciudad a las espaldas y la proveía de gente y de vitualla, parecía consejo peligroso, y partir la empresa con otro, despojarse de las cabezas, que si muchas en número y calidad de personas, en experiencia eran pocas. Estas dudas saneó con la presteza, porque antes que los enemigos pensasen que partía, les puso las armas delante. Halláronse en toda la jornada muchas personas principales, así del reino de Granada como de la Andalucía, que en las ocasiones serán nombradas. Partió el marqués de Andarax, y sin perder tiempo vino de Cadiar a Órgiba; y tomando vitualla a Vélez de Benabdalá, pasó el río de Motril, la infantería a las ancas de los caballos, y llegó a las Guájaras que están en medio. Vino don Alonso Portocarrero con mil soldados, ya sano de sus heridas, y otras dos bandas de infantería, ciento y cincuenta caballos; gente hecha en Granada, que enviaba el conde de Tendilla; el conde de Santisteban con muchos deudos y amigos de su casa y vasallos suyos. Mas los enemigos, como de improviso descubrieron el campo, comenzaron a tomar el camino de los peñones, y víanse subir por la montaña con mujeres y hijos. Viendo el marqués, que se recogían a sus fuertes, envió una compañía de arcabuceros a reconocerlos y dañarlos si pudiesen; pero dende a poco le trajo un soldado mandado del capitán, que por ser los enemigos muchos y su gente poca, ni se atrevía a seguillos, porque no le cargasen; ni a retirarse porque no le rompiesen: pedía para lo uno y lo otro mil hombres. Enviole alguna arcabucería, y él con la gente que pudo llegar ordenada le siguió hasta las Guájaras altas por hacerles espaldas, donde alojó aquella noche con mal aparejo; pero los unos y los otros sin temor, los nuestros por la confianza de la victoria, los enemigos de la defensa.

Entre los que allí vinieron a servir fue uno don Juan de Villarroel, hijo de don García de Villarroel, adelantado que fue de Cazoria, y sobrino (según fama), de fray Francisco Jiménez, cardenal y arzobispo de Toledo, gobernador de España entre la muerte del Rey Católico don Fernando, y el reinado del emperador don Carlos. Era a la sazón capitán de Almería, y servía de comisario general en el campo: hombre de años, probado en empresas contra moros, pero de consejos sutiles y peligrosos; que había ganado gracia con hallar culpas en capitanes generales, siendo a veces escuchado y al fin remunerado. Éste, por abrirse camino para algún nombre en aquella ocasión, gastó la noche sin sueño en persuadir al marqués que le mandase con cincuenta soldados a reconocer el fuerte de los enemigos, diciendo que del alojamiento no se descubría el paso del peñón alto. Concurrió el marqués, mostrando hacerlo más por permisión y licencia que mandamiento; pero amonestándole que no pasase del cerro pequeño que estaba entre su alojamiento y la cuesta, y que no llevase consigo más de cincuenta arcabuceros; blandura que suele poner a veces a los que gobiernan en grandes y presentes peligros. Mas don Juan, pasando el cerro, comenzó a subir la cuesta sin parar, aunque fue llamado del marqués, y a seguillo mucha gente principal y otros desmandados, o por acreditar sus personas o por codicia del robo. Pasaban ya los que subían de ochocientos, sin poderlo el marqués estorbar; porque don Juan, viéndose acrecentado con número de gente, y concibiendo en sí mayores esperanzas, teniéndose por señor de la jornada, sin guardar la orden que se le dio ni la que se daba en hechos semejantes, desmandada la gente no con más acierto que el que daba su voluntad a cada uno, comenzó la subida con el ímpetu y prisa que suele quien va ignorante de lo que puede acontecer; mas dende a poco con flojedad y cansancio. Vista por los enemigos la desorden, hicieron muestra de encubrirse con el peñón bajo, dando apariencia de escapar: pensaron los nuestros que huían, y apresuraron el paso; creció el cansancio, oíanse tiros perdidos de arcabucería, voces de hombres desordenados; veíanse arremeter, parar, cruzar, mandar; movimientos según el aliento o apetito de cada uno: en ochocientas personas mostrarse más capitanes que hombres, antes cada cual lo era de sí mismo; el hábito del capitán un capote, una montera, una caña en la mano. No se estaba a media cuesta, cuando la gente comenzó a pedir munición de mano en mano: oyeron los enemigos la voz, peligrosa en semejantes ocasiones; y viendo la desorden, saltaron fuera con el Zamar hasta cuarenta hombres; ésos con pocas armas y menos muestra de acometer; pero convidados del aparejo, y ayudados de piedras que los del peñón echaban por la cuesta y de alguna gente más, dieron a los nuestros una carga harto retenida, aunque bastante para que todos volviesen las espaldas con más prisa que habían subido, sin que hombre hiciese muestra de resistir, ni la gente particular fuese parte para ello; antes los seguían, mostrando querellos detener: fueron los moros creciendo, ejecutando y matando hasta cerca del arroyo. Murió don Juan de Villarroel desalentado, con la espada en la cinta, cuchilladas en la cabeza y las manos, según se reparaba; don Luis Ponce de León, nieto de don Luis Ponce, que herido de muerte y caído le despeñó un su criado por salvalle, y Juan Ronquillo, veedor de las compañías de Granada, y un hijo solo del maestre de campo Hernando de Oruña, viéndole su padre y todos peleando. Fueron los muertos muchos más que los que los seguían, y algunos ahogados con el cansancio; los demás se salvaron, y entre ellos don Jerónimo de Padilla, hijo de Gutierre López de Padilla, que herido y peleando hasta que cayó, le sacó arrastrando por los pies un esclavo a quien él dio libertad. El marqués, vista la desorden, y que los enemigos crecían y venían mejorados, y prolongándose por la loma de la montaña a tomarle las espaldas, encaminados a un cerro que le estaba encima; envió a don Alonso de Cárdenas con pocos arcabuceros que pudo recoger; hombre suelto y de campo; el cual previno y aseguró el alto. Estaba el marqués apeado con la caballería, las lanzas tendidas, guarnecido de alguna arcabucería, esperando los enemigos, y recogiendo la gente que venía rota: pudo esta demostración y su autoridad refrenar la furia de los unos, detener y asegurar los otros, aunque con peligro y trabajo. Otro día al amanecer llegó la retaguardia: serían por todos cinco mil y quinientos infantes y cuatrocientos caballos; compañía bastante para mayor empresa, si se hubiera de tener cuenta con solo el número. Ordenó solo un escuadrón por el temor de la gente que el día de antes había recibido desgracia, guarnecido a los costados con mangas prolongadas de arcabucería. Era el peñón por dos partes sin camino, mas por la que se continuaba con la montaña había salida menos áspera: aquí mandó estar caballería y arcabucería apartada, pero cubierta, porque vistos no estorbasen la huida. Son los moros cuando se ven encerrados impetuosos y animosos para abrirse paso; mas abierto procuran salvarse sin tornar el pecho al enemigo; y por esto si a alguna nación se ha de abrir lugar por donde se vayan, es a ellos. Acometiolos con esta orden, y duró el combatir con pertinacia hasta la oscuridad de la noche; los unos animados, los otros indignados del suceso pasado: mandó tocar a recoger, y alojó pegado con el fuerte, encomendando la guardia a los que llegaron holgados. Puso la noche a los enemigos delante de los ojos el peligro, el robo, la cautividad, la muerte; trájoles el miedo, confusión y discordia, como en ánimos apretados que tienen tiempo para discurrir: unos querían defenderse, otros rendirse, otros huir; al fin salió la mayor parte de la gente forastera y monfíes con los capitanes Girón y el Zamar, sacando las mujeres y niños que pudieron, y quedó todavía número de gente de los naturales; y aunque flacamente reparada, si tuvieran esfuerzo y cabezas, con el favor de lo pasado y el aparejo del sitio, solas mujeres bastaban a defenderse. Hicieron al principio resistencia, o que el desdeño de verse desamparados o la ira los encendiese; pero apretados, enflaquecieron, y dando lugar, fueron entrados por fuerza: no se perdonó con orden del marqués a persona ni a edad; el robo fue grande, y mayor la muerte, especialmente de mujeres: no faltó ambición que se ofreciese a solicitalla como cargo de mayor importancia. Escapó Girón; fue preso y herido de un arcabucero por el muslo el Zamar por salvar una hija suya doncella que no podía con el trabajo del camino; y llevado a Granada le mandó atenazar el conde de Tendilla, que hizo calificada la victoria.

Tomado el fuerte de las Guájaras envió el marqués el campo con el conde de Santisteban, que le esperase en Vélez de Benabdalá; y fue a visitar a Almuñécar, Salobreña, Motril, lugares a la marina; guardados contra los corsarios de Berbería, y quedó por entonces asegurada aquella tierra hasta Ronda. Puso en el oficio de don Juan de Villarroel a don Francisco de Mendoza, su hijo; nombró veedores y otros oficiales de hacienda, sin que el gobierno del campo no podía pasar. Pero no dejaron perder sus émulos aquella ocasión de calumniarle, diciendo ser él mismo quien proveía, libraba, pagaba, repartía las contribuciones, presas, y depósitos, pues sus hijos y criados lo hacían; cosa que los capitanes generales suelen y deben huir. Pero la necesidad y la salida del negocio mostró haber sido más provechoso consejo para la hacienda del rey en lo poco que se gastó con mucha gente y en mucho tiempo. Llegado a Vélez tornó a Órgiba, diose a recebir gentes y pueblos que se venían a rendir; entregaban las armas los que habitaban por toda la Alpujarra y río de Almería, y los que en las montañas andaban alzados rendíanse a merced del rey sin condición; traían mujeres, hijos, y haciendas; comenzaban a poblar sus casas; ofrecíanse a ir con ellas a morar como y donde los enviasen; y si en la tierra los quisiesen dejar, mantener guardia para defensión y seguridad della, solamente que se les diesen las vidas y libertad; pero aun estas dos condiciones no les admitió. No por eso dejaban de venirse; dábales salvaguardia con que vivían pacíficos, aunque no del todo asegurados; y hallando el campo lleno de esclavos y cristianos libertados que comían la vitualla, depositó quinientas moriscas en poder de sus padres, hermanos y maridos, y sobre sus palabras las recibieron en Ujíjar, y dende a poco envió con alguaciles por ellas para volvellas a sus dueños, que sin faltar personas las tornaron; cosa no vista en otro tiempo, o fuese el miedo y la obediencia, o fuese que restituían las mujeres de que hallan abundancia en toda parte, y por esto son estimadas como alhaja; y los hijos donde se los criasen, descargándose de bocas inútiles y embarazo cojijoso; y aquí hizo particulares justicias de muchos culpados.

Discurrían los soldados de veinte en veinte sin daño; dábanse a descubrir personas y ropa escondida por la montaña; combatían cuevas donde había moriscos alzados: todo era esclavos, despojos, riqueza. No era por entonces tantas las desórdenes, que los moriscos no las pudiesen sufrir, ni tantos los autores que no pudiesen ser castigados; pero fuéronse los unos con la ganancia, vinieron otros nuevos codiciosos que mudaban el estado de paz en desasosiego, y de obediencia en desconfianza. Viose un tiempo en el cual los enemigos (o estuviesen rendidos o sobresanados), pudieran con facilidad y poca costa ser oprimidos, y venirse al término que después se vino de castigo, de opresión o de destierro; o sacándolos a morar en Castilla, poblar la tierra de nuevos habitadores, sin pérdida de tanto tiempo, gente, y dineros, sin hambre, sin enfermedad, sin violencia de vasallos. No son los hombres jueces de los pensamientos y motivos de los reyes; pero mucho puede en el ánimo de un príncipe ofendido por caso de rebelión o desacato la relación, aunque interesada o apasionada que le inclina a rigor y venganza; porque cualquier tiempo que se dilata, aunque sea para mayor oportunidad, le parece estorbo.

En esto la gente de Granada, libre del miedo y de la necesidad, tornó a la pasión acostumbrada: enviaban al rey personas de su ayuntamiento; pedían nuevo general; nombraban al marqués de Vélez engrandeciendo su valor, consejo, paciencia de trabajos, reputación: partes que, aunque concurriesen en él, la mudanza de voluntades y los mismos oficios hechos en su perjuicio, dende a pocos días que entonces en su favor mostraban no haberse movido los autores con fin de loallas porque fuesen tales. Calumniaban al de Mondéjar que permitía mucho a sus oficiales; que no se guardaban las vituallas; que los ganados pudiendo seguir el campo se llevaban a Granada; que no se ponía cobro en los quintos y hacienda del rey; que teniendo presidente cabeza en los negocios de justicia, tantas personas graves y de consejo en la cancillería, un ayuntamiento de ciudad, un corregidor solícito, tantos hombres prudentes; no solamente no les comunicaban las ocasiones en general, pero de los sucesos no les daba parte por escrito, ni de palabras; antes indignado por competencias de jurisdicciones, preeminencias de asientos o manera de mandar, sabían de otros antes la causa porque se les mandaba, que recibiesen el mandamiento. Loaban la diligencia del presidente en descubrir los tratados, los consejos, los pensamientos de los enemigos; entretener la gente de la ciudad; exhortar a los señores del reino que tomasen las armas, en particular al marqués de Vélez, y otras demostraciones que atribuidas al servicio del rey eran juzgadas por honestas, y a su particular por tolerables: empresas de reputación y autoridad, no desdeñando ni ofendiéndola; y que, en fin, como quiera eran de suyo provechosas al beneficio público: que la guerra no estaba acabada, pues los enemigos aún quedaban en pie; que las armas entregadas eran inútiles y viejas; mostrábanse indignados y rebeldes, resueltos a no mandarse por el marqués. Los alcaldes (oficio usado a seguir el rigor de la justicia, y aun el de la venganza, porque cualquiera dilación o estorbo tienen por desacato), culpaban la tibieza en el castigar, recebir a merced y amparar gente traidora a Dios y al rey; las armas en mano de padre y hijo, oprimida la justicia y el gobierno, llena Granada de moros, mal defendida de cristianos, muchos soldados y pocos hombres, peligros de enemigos y defensores, deshaciendo por un cabo la guerra y criándola por otro. Por el contrario, los amigos y allegados del marqués y su casa decían que la guerra era libre, los oficiales y soldados concejiles, y ésos sin sueldo, movidos de su casa por la ganancia; los ganados habidos de los enemigos; que por todo se hallaría que la carne y el trigo y cebada se aprovechaba de día en día; que mal se podían fundar presidios para guarda de vitualla con tan poca gente, ni asegurar las espaldas sino andando tan pegados con los enemigos, que les mostrasen cada hora las cuerdas de los arcabuces y los hierros de las picas; que los quintos tenían oficiales del rey en quien se depositaban, y pasaban por almonedas; que los oficios eran tan apartados, y los consejos de la guerra requerían tanto secreto, que fuera della no se acostumbraba comunicarlos con personas de otra profesión, aunque más autoridad tuviesen; porque como plática extraña de sus oficios, no sabían en qué lugar se debía poner el secreto; que tras el publicar venía el yerro, y tras el yerro el castigo; y que como el presidente y oidores o alcaldes no le comunicaban los secretos de su acuerdo, así él no comunicaba con ellos los de la guerra, ni se veían, ni había causas porque hubiese esta desigualdad, o fuese autoridad o superioridad. De lo que tocaba al corregidor y la ciudad burlaban, como cosa de concejo y mezcla de hombres desigual. Que los que eran para entender la guerra, andaban en ella, y servían ellos o sus hijos al rey y obedecían al marqués sin pasión; que los cumplimientos eran parte de buena crianza; y cada uno, si quería ser mal quisto, podía ser mal criado. Que trayendo tan a la continua la lanza en la mano, mal podía desembarazalla para la pluma. Que la guerra era acabada, según las muestras, y el castigo se guardaría para la voluntad del rey, y entonces ternían su lugar la mano y la indignación de las justicias; y si decían que sobresanada porque estaban los enemigos en pie y armados, lo sobresanado o acabado, lo armado y desarmado es todo uno, cuando los enemigos, o se rinden, o están de manera que pueden ser oprimidos sin resistencia, como lo estaban a la sazón los del reino y la ciudad de Granada. Que de aquello servía la gente en el Albaicín y la Vega, la cual, como entretenida con alojamientos y sin pagas, no podía sino dar pesadumbre y desordenarse; ni como poco plática, saber la guerra tan de molde que no se les pareciese que eran nuevos. Pero la carga de lo uno y de lo otro estaba sobre los enemigos, a quien ellos decían que se había de dar riguroso castigo, lo cual, aunque se difería, no se olvidaba; que espantallos sin tiempo era perder el fin y las comodidades que se podían sacar de ellos; que las personas, cuando eran tales, siempre serían provechosas, especialmente las que sirviesen a su costa, como la del marqués de Vélez, probada para cualquier gran cargo que estuviese sin dueño.

Mas el marqués, hombre de estrecha y rigurosa disciplina, criado al favor de su abuelo y padre en gran oficio, sin igual ni contradictor, impaciente de tomar compañía; comunicaba sus consejos consigo mismo, y algunos con las personas que tenía cabe sí pláticas en la guerra, que eran pocas; de las apariencias, aunque eran comunes a todos, a ninguno daba parte; antes ocasión a algunos, especialmente a mozos y vanos, de mostrarse quejosos. Tomó la empresa sin dineros, sin munición, sin vitualla, con poca gente y esa concejil, mal pagada y por esto no bien disciplinada; mantenida del robo, y a trueco de alcanzar o conservar éste, mucha libertad, poca vergüenza, y menos honra; excepto los particulares que a su costa venían de toda España a servir al rey, y eran los primeros a poner las manos en los enemigos. Tuvo siempre por principal fin pegarse con ellos; no dejar que se afirmasen en lugar ni juntasen cuerpo; acometellos, apretallos, seguillos; no dalles ocasión

a que le siguiesen, ni mostrarles las espaldas aunque fuese para su provecho; recebir los que de ellos viniesen a rendirse; disminuillos y desarmallos,
y a la fin oprimillos; para que poniéndoles guarniciones con un pequeño
ejército, pudiese el rey castigar los culpados, de esterrar los sospechosos,
deshabitar el reino, si le pluguiese pasar los moradores a otra parte: todo
con seguridad y sin costa, antes a la de ellos mismos. Hizo muchas veces
al rey cierto del término en que las cosas se hallaban; y aunque guiando
ejércitos no hubiese venido otras veces a las manos con los enemigos, todavía con la plática que tenía de la manera del guerrear déstos, aprendida
de padres y abuelos y otros de su linaje, que tuvieron continuas guerras
con los moros, los trajo a tal estado y en tan breve tiempo, como el de un
mes; no embargante que muchas veces se le escribiese, que procediese con
ellos atentamente. Puesta la guerra en estos términos, túvola por acabada
facilitando lo que estaba por hacer; con que se hizo más odioso, pareciendo
a hombres ausentes cuerdos y de experiencia, que había de retoñecer con
mayor fuerza, como el tiempo diese lugar, y las esperanzas de Berbería se
calentasen, y los castigos y reformaciones comenzasen a ejecutarse; y tuvieron por largo el negocio, por ser de montaña, contra gente suelta y plática
della, y otras causas, que por nuestra parte se les habían de dar.

En este mismo tiempo comenzó a descubrirse la guerra en el río de Almería, con la ida del marqués de Mondéjar a las Guájaras y tierra de Almuñécar.
Oháñez es un lugar puesto entre dos ríos en los confines de la Alpujarra,
marquesado de Cenete, y tierra de Almería: aquí se recogieron moros que
andaban huidos en la montaña (sobras de los reencuentros pasados), convidados de la fortaleza del sitio, y persuadidos por el Tahalí a quien tomaron
por capitán. Pusieron mil hombres a la guardia del lugar donde habían encerrado sus hijos, mujeres, y haciendas; sin otro mayor número que defendían
la tierra, todos determinados a pelear.

Estaba el marqués de Vélez en el río de Almería entretenido con parte de
la gente del reino de Murcia; y la demás era vuelta, como es costumbre, rica
de la ganancia; esperaba orden del rey si tornaría a la tierra de Cartagena,
que confina con el reino de Granada por el río de Mojácar que los antiguos
llamaban Murgis; ampararía la tierra del rey y la suya vecina a la mar; de-
fendería que los moros del reino de Granada no pasasen por aquella parte

a desasosegar los del reino de Valencia, recelado y cuasi cierto peligro en la primera ocasión de pérdida nuestra importante; y convenía (ocupado el marqués de Mondéjar en las Guájaras), atajar el fuego de las espaldas. No había en pie armas tan cerca como éstas, solicitadas por el presidente de Granada, mas después con aprobación del rey.

Los que igualmente juzgaban lo bueno que lo malo, atribuían a pasión esta diligencia, por excluir o dar compañero al marqués de Mondéjar; pero las personas libres, a buena provisión y en conveniente coyuntura. Moviose el marqués de Vélez con tres mil infantes y trescientos caballos contra los enemigos, que le esperaban a la subida de la montaña en un paso áspero y dificultoso: combatiolos y rompiolos no sin dificultad; donde se mostró por su persona buen caballero. Mas los enemigos recogiéndose a Oháñez estuvieron a la defensa. Acometiolos con pocas armas, y rompiolos segunda vez; murieron cuasi doscientos hombres con Tahalí, su capitán, y en la entrada muchas mujeres; de los nuestros algunos: salváronse de los moros por las espaldas del lugar la mayor parte que estaba a la defensa, sin ser seguidos; y pudieran si algún capitán plático los gobernara, hacer daño a los nuestros, embebecidos y cargados con el saco. Fue grande la importancia del hecho por la ocasión. A las gradas de la iglesia halló el marqués cortadas veinte cabezas de doncellas, los cabellos tendidos, puestas por orden, que los de aquella tierra cuando el río de Almería se rebeló, en una junta que tuvieron en Güécija, prometieron sacrificar juntamente con veinte sacerdotes adoradores de los ídolos (que tal nombre dan a las imágenes); porque Dios y su profeta Mahoma los ayudase. Poco antes que el marqués entrase habían degollado las doncellas; los sacerdotes hicieron mayor defensa; mas con quemar veinte frailes ahogados en aceite hirviendo, pagaron el voto en la misma Güécija: Cruel y abominable religión, aplacar a Dios con vida y sangre inocente, pero usada dende los tiempos antiguos en África, traída de Tiro, introducida en la ciudad de Cartago por Dido su fundadora; tan guardada hasta nuestros tiempos entre los moradores de aquella región, que es fama que en la gran empresa que el emperador don Carlos vencedor de muchas gentes hizo contra Barbarroja, tirano de Túnez, sacrificaron los moros del cabo de Cartago cinco niños cristianos al tiempo que descubrieron nuestra armada, a reverencia de cinco lugares que tienen en el Alcorán, donde se inclinan porque Dios los ampare y defienda en los peligros. El marqués habido este suceso en su favor, se recogió con la gente que con él quiso quedar en Terque lugar del río de Almería, corriendo por la tierra.

Las cosas de Granada estaban en el estado que tengo dicho. El rey había enviado a don Antonio de Luna, hijo de don Álvaro de Luna, y a don Juan de Mendoza, hombres de gran linaje, pláticos en la guerra, que habían tenido cargos y dado buena cuenta de ellos; para que asistiesen con el conde de Tendilla como consejeros, estando a la orden que él les diese en ausencia del marqués, su padre; avisando al Conde de la provisión con palabras blandas y comedidas, para que con ellos pudiese descargar parte del trabajo. Puso el Conde a don Juan dentro en la ciudad con la infantería, cuyas armas había profesado; y a don Antonio a la guarda de la Vega con doscientos caballos y parte también de la infantería.

Llegado el marqués de Mondéjar a Órgiba continuando su propósito, ocupose en recibir pueblos y gente, que sin condición venían a rendirse con las armas; y en perseguir las sobras del campo de Aben Humeya, su persona parientes y allegados, que eran muchos, y con él andaban huidos por las montañas. Estaba aún Valor, el alto, por rendirse, pero sosegado; adonde tuvo aviso que Aben Humeya se recogía con treinta hombres en las casas de su padre, y en Mecina su tío Aben Jahuar. Envió dos compañías de infantería que no los hallando se tornaron con haber saqueado a Valor y Mecina; mas a los de Mecina que estaban con salvaguardia, mandó volver la ropa y cautivos dende sa poco. Fue también avisado que en el mismo lugar se escondía Aben Humeya con ocho personas, y envió dos escuadras con sendos adalides pláticos de la tierra con orden que vivo o muerto le hubiesen a las manos. Llaman adalides en lengua castellana a las guías y cabezas de gente del campo, que entran a correr tierra de enemigos; y a la gente llamaban almogávares: antiguamente fue calificado el cargo de adalides; elegíanlos sus almogávares; saludábanlos por su nombre levantándolos en alto de pies en un escudo; por el rastro conocen las pisadas de cualquiera fiera o persona, y con tanta presteza que no se detienen a conjeturar; resolviendo por señales, a juicio de quien las mira livianas, mas al suyo tan ciertas, que cuando han encontrado con lo que buscan, parece maravilla o envahimiento. No hallaron en Valor, el alto rastro de Aben Humeya, pero en el bajo oyeron chasquido de jugar a la ballesta, músicas, canto y regocijo de tanta gente, que no la osando acometer, se tornaron a dar aviso. Envió dos capitanes, Antonio de Ávila y Álvaro Flores con trescientos arcabuceros escogidos entre la gente que a la sazón había quedado, que era poca, porque con la ganancia de las Guájaras, y con tener por acabada la guerra, se habían ido a sus casas; hombres levantados sin pagas, sin el son de la caja, concejiles; que tienen el robo por sueldo, y la codicia por superior. Fueron con estos trescientos, otros más de quinientos aventureros y mochileros a hurto, sin que guarda o diligencia pudiese estorballo. Llevaron los capitanes orden de palabra, que tomasen y atajasen los caminos, cercasen el lugar y sin que la gente entrase dentro, llamasen los regidores y principales; requiriésenlos que entregasen Aben Humeya que se llamaba rey; y en caso que se excusasen, con personas diputadas por ellos mismos y por los capitanes, le buscasen por las casas, y no pareciendo, trajesen los regidores presos ante el marqués, sin hacer otro daño en el lugar. Partieron con esta resolución, y antes que llegasen a Valor, donde se descubre la punta de Castil de Ferro, los alcanzó Ampuero, capitán de campaña, y les dio la misma orden por escrito; añadiendo que si gente de salvaguardia o de Valor, el alto, la hallasen en el bajo, la dejasen estar. Mas Antonio de Ávila que ya traía consigo la mala fortuna, dicen que respondió: «que si en algo se excediese de la orden, todo sería dar culpa a los soldados». Llegando a Valor tomaron los caminos, cercaron el lugar, salieron los principales a ofrecer favor, diligencia, vituallas; mas los que vinieron al cuartel de Antonio de Ávila fueron muertos sin ser oídos. Alterose el lugar; entraron los soldados matando y saqueando; juntáronseles los de Álvaro Flores que para esto eran todos en uno; murieron algunos moriscos, que no pudieron defenderse ni huir; fue robada la tierra, y los soldados recogieron el robo en la iglesia, diciendo los capitanes que su orden era llevar los moriscos presos, y no podían de otra manera cumplir con ella. Mas los moriscos, visto el daño, hicieron ahumadas a los suyos que andaban por la montaña, y a los que cerca estaban escondidos; los nuestros al nacer del día, partiendo la presa, en que había ochocientos cautivos y mucha ropa, las bestias y ellos cargados, tomaron el camino de Órgiba, los embarazos y presas en medio. Partida la vanguardia, mostrose a la retaguardia Abenzaba, capitán de Aben Humeya en aquel partido, con trescientos hombres como de paz; requeríalos con la salvaguardia; que dejando las personas cautivas llevasen el resto; mas viendo cuán poco les aprovechaba comenzaron a picallos y desordenallos, hasta que a la cubierta de un viso dieron en la emboscada de doscientos hombres, y volviéndose a las mujeres les dijeron: «Damas, no vais con tan ruin gente». Juntamente con estas palabras, el Partal, hombre cuerdo y valiente, uno de cinco hermanos todos de este nombre, que vivían en Narila, acometió la retaguardia por el costado; mas los soldados por no desamparar la presa hicieron poca resistencia; la vanguardia caminaba cuanto podía sin hacer alto ni descargarse de la presa, y todos iban ya ahilados; los delanteros por llegar a Órgiba, los postreros por juntarse con los delanteros; en fin, del todo puestos en rota sin osar defenderse ni huir, muertos los capitanes y oficiales; rendidos los soldados y degollados, con la presa a cuestas o en los brazos: salváronse entre todos como cuarenta; los demás fueron muertos sin recebir a prisión; ni perder los enemigos hombre, de quinientos que se juntaron. Como sucedió el caso, enviaron a excusarse con el marqués, cargando la culpa a los capitanes, y ofreciendo estar a justicia. Mas él entendida la desgracia puso en Órgiba mayor guardia, repartió los cuarteles a la caballería, como quien esperaba los enemigos. Llegó el mismo día el aviso a Granada; y el conde de Tendilla despachó a don Antonio de Luna con mil infantes y cien caballos, y orden que llegado a Lanjarón hasta donde era el peligro, dejando la gente en lugar seguro y el gobierno al sargento mayor, tornase a Granada. Llegaron a Órgiba dentro del tercero día que el caso aconteció; reforzó las guardias en el Alhambra, en la ciudad y la Vega, porque los moriscos favorecidos con este suceso no intentasen novedad.

Había escrito el rey al marqués, que temporizase con los enemigos, no se poniendo en ocasión de peligro; temeroso de nuestra gente, por ser toda número, exceptos los particulares. Representábansele los inconvenientes que en una desgracia pueden suceder; acabarse de levantar el reino, venir los de Berbería en ocasión que las armas del gran turco se comenzaban a mostrar en Levante; incierto donde pararía tan gran armada, aunque se veía que amenazase a Cipro. Parecíanle las fuerzas del marqués pocas para mantener lo de dentro y fuera de Granada; tenía lo pasado más por correrías, escaramuzas y progresos de gente desarmada, que por guerra cumplida. El general calumniado en la ciudad, que le tenía de hacer espaldas, de donde había de salir el nervio de la guerra; la voluntad de algunas ciudades y señores en el Andalucía no muy conformes con la suya, los soldados descontentos, y no faltaban pretensiones de personas que andaban cerca de los príncipes, o a las orejas de quien anda cerca de ellos. Pareció por entonces consejo de necesidad suspender las armas, y tanto más cuando llegó la nueva de la desgracia acontecida en Valor. Escribiose al marqués resolutamente que no hiciese movimiento; y porque la autoridad que tenía en aquella tierra era grande, y la costumbre de mandar muy arraigada de padre y abuelo, y parecía que en reino extendido y tierra doblada no podía dar cobro a tantas partes, como la experiencia lo mostraba, porque estando en Órgiba, se levantaron las Guájaras, y yendo a las Guájaras, Oháñez acordó dividir la empresa, dando al marqués de Vélez cargo de los ríos de Almería y Almanzora, tierra de Baza y Guadix, y al de Mondéjar el resto del reino de Granada; enviar a ella por superior de todo a su hermano don Juan de Austria; por ventura resoluto a descomponer al uno y al otro, y cierto de que ninguno de ellos se tendría por agraviado: pues con la autoridad y nombre de su hermano cesaban todos los oficios, los pueblos se mandarían con mayor facilidad, contribuirían todos más contentos, servirían más listos teniendo cerca del rey a su hermano por testigo, los soldados un general que los gratificase y adelantase, la elección daría mayor sonido entre naciones apartadas, suspendería los ánimos de los bárbaros, quitaríales la avilanteza de armar, imposibilitaríalos de hacer el socorro formado como empresa difícil y sin efecto; ocuparía a don Juan en hechos de tierra, como lo estaba en los de mar; haríale plático en lo uno y en lo otro: mozo despierto, deseoso de emplear y acreditar su persona, a quien despertaba la gloria del padre y la virtud del hermano. Decíase también que en esta empresa el rey deseaba ver el ánimo del marqués de Mondéjar inclinado a mayores demostraciones de rigor, por la venganza del descanso divino y humano, por la rebelión, por el ejemplo de otros pueblos. Encendían esta opinión relaciones y pareceres de personas, que cualquiera cosa donde no ponen las manos les parece fácil, sin medir tiempo ni posibilidad, presente o por venir, y de otras apasionadas; no sin artificio y entendimiento de unas con otras. Mas los príncipes toman lo que les conviene de las relaciones, dejando la pasión para su dueño.

Estando las cosas en tales términos, con el suceso de Valor tomaron los enemigos ánimo para descubrirse, y Aben Humeya entró con mayor autoridad y diligencia en el gobierno; no como cabeza de pueblos rogados o gente esparcida sin orden, sino como rey y señor. Siguió nuestra orden de guerra, repartió la gente por escuadras, juntola en compañías, nombró capitanes, mandó que aquellos y no otros arbolasen banderas, púsolos debajo de coroneles, y cada partido que estuviese al gobierno de uno que dicen alcaide (tahas llaman ellos a los partidos de tahar, que en su lengua quiere decir sujetarse): éste mandaba lo de la guerra; nombre entre ellos usado dende tiempos antiguos, y puesto por nosotros a los que tienen fortalezas en guarda. Para seguridad de su persona pagó arcabucería de guardia, que fue creciendo hasta cuatrocientos hombres; levantó un estandarte bermejo, que mostraba el lugar de la persona del rey, a manera de guión.

Del principio desta ceremonia en los reyes de Granada, olvidada por haber pasado el reino a los de Castilla, diremos ahora. Muerto Abenhut, que tenía a Almería por cabeza del reino, tomaron (como dijimos), por rey en Granada a Mahamet Alhamar, que quiere decir el Bermejo. Cuando el santo rey don Fernando el Tercero vino sobre Sevilla, hallose con mucha caballería este Mahamet a servir en aquella empresa, por haberle ayudado el rey don Fernando a tomar el reino; pareciole autoridad el uso de guión, agradecimiento y honra poner en él el color y banda, que traen los reyes de Castilla. Armole caballero el rey el día que entró en Sevilla; diole el estandarte por armas para él y los que fuesen reyes en Granada; la banda de oro en campo rojo con dos cabezas de sierpes a los cabos, según la traen en su guión los reyes de Castilla; añadió él las letras azules que dicen: «No hay otro vencedor sino Dios»; por timbre tomó dos leones coronados que sobre las cabezas sostienen el escudo; traen el timbre debajo de las armas, como nosotros encima; porque así escriben y muestran los sitios, y cuentan las partes del cielo y la tierra, al contrario de nosotros. Mas las armas antiguas de los reyes de la Andalucía eran una llave azul en campo de plata; fundándose en ciertas palabras del Alcorán, y dando a entender que con la destreza y el hierro abrieron por Gibraltar la puerta a la conquista de poniente, y de aquí llaman a Gibraltar por otro nombre, el monte de la Llave. Hoy duran sobre la principal puerta de la Alhambra estas armas, con letras que declaran la causa y el autor del castillo.

Hacía con los suyos Aben Humeya su residencia en los lugares de Valor y Poqueira, y en los que están en lo áspero de la Alpujarra; comiendo la vitualla que tenían encerrada y la que hallaban sin dueño, con mayor abundancia y a más bajos precios que nosotros. Las rentas que para mantenimiento del reino le señalaron, fueron el diezmo de los frutos y el quinto de las presas, y más lo que tiránicamente quitaba a sus súbditos. De esta manera se detuvieron, el marqués de Mondéjar rehaciéndose de gente en Órgiba, incierto en qué pararía la suspensión del rey, y Aben Humeya gozando del tiempo, cobrando fuerzas, esperando el socorro de Berbería para mantener la guerra, o navíos en que pasarse y desamparar la tierra.

Estando las armas en este silencio, porque el bullicio no cesase en alguna parte, sucedió en Granada un caso, aunque liviano, que por ser en ocasión y no pensado escandalizó. Había en la cárcel de la cancillería hasta ciento y cincuenta moriscos presos, parte por seguridad (que eran escandalosos), parte por delitos o sospecha de ellos; todos como de los más ricos y acreditados en la ciudad, así de los más inhábiles para las armas; gente dada a trato y regalo. Contra éstos se levantó voz a media noche estando los hombres en sosiego, que procuraban quebrantar las prisiones, matar las guardias, salir de las cárceles, y juntos con los moros de la Vega y Alpujarra levantar el Albaicín, degollar los cristianos, escalar el Alhambra, y apoderarse de Granada: empresa difícil para sueltos y muchos y experimentados, aunque con menos recatamiento se estuviera. Mas no dejó de tener este movimiento algunas causas; porque hubo información que lo trataban, y deposiciones de testigos, que en ánimos sospechosos lo imposible hacen parecer fácil. Acrecentaron la sospecha algunas escalas, aunque de esparto, anchas y fuertes, fabricadas para escalar muralla, que el Conde halló en cierta cueva al cerro de Santa Elena; pertrecho que los moros guardaban para entrar en el Alhambra la noche que vinieron al Albaicín, como está dicho. Alborotado el pueblo, corrió a las cárceles con autoridad de justicia, acriminando los ministros el caso y acrecentando la indignación; mataron cuasi todos los moriscos presos, puesto que algunos hiciesen defensa con las armas que hallaban a mano, como piedras, vasos, madera, poniendo tiempo entre la ira del pueblo y su muerte. Había en ellos culpados en pláticas y demostraciones, y todos en deseo; gente flaca, liviana, inhábil para todo, sino para dar ocasión a su desventura.

No dejaban los moros en todo tiempo de procurar algún lugar de nombre en la costa para dar reputación a su empresa, y acoger armada de Berbería; pero su principal intento se encaminaba a tomar a Almería, ciudad asentada en sitio más a propósito que Málaga, y después della la más importante; habitada de moriscos y cristianos viejos, cerca de los puertos de cabo de Gata, y de abundancia de carne, pan, aceite, frutas; puesta a la entrada de muchos valles que unos llevan a la parte del maestral a Granada, y otros a la del griego al río de Almanzora y tierra de Baza; al levante la de Cartagena, y al poniente Almuñécar y Vélez Málaga. En tiempo de romanos y godos fue, como ahora, cabeza de provincia llamada Virgi, y en el de los moros, de reino, después que fueron echados de Córdoba. Poblóronla los de Tiro que vinieron a Cádiz, poco apartada de la mar; los moros por la comodidad del agua, pasaron la población adonde ahora está. Destruyola el emperador de España don Alonso el Sétimo, trayendo a sueldo el conde de Barcelona, con sesenta galeras y ciento y sesenta y tres navíos de genoveses, con Balduino y Ansaldo de Oria, generales de la armada, a quien el rey dio, por cuenta de sus sueldos, el vaso verde que hoy muestran en San Juan, y dicen ser esmeralda, y puédese creer sin maravilla, vista la grandeza de las que comienzan a venir del Nuevo Mundo y la que refieren algunos antigos escriptores. Esto tratan nuestras historias, aunque las de genoveses refieren haberle tomado en la conquista de Cesárea en Asia, siendo su capitán Guillelmo, que llamaban Cabeza de martillo: quede la fe de esto al arbitrio de los que leen. Tornó a restaurar la ciudad Abenhut. Cerca del nombre, aprendí de los moros naturales, que por la fábrica de espejos de que había gran trato, la llamaron Almería, tierra de espejos quiere decir, porque al espejo llaman meri. Dicen los moros valencianos que por espejo del reino le pusieron este nombre. Las historias arábigas, que en gran parte son fabulosas, cuentan que en lo más alto había un espejo semejante al que se finge de La Coruña, en que se descubrían las armadas. La memoria de los antigos antes de los moros es que había atalaya, a que los latinos llamaban specula, como en la misma Coruña, para encaminar y mostrar los navíos que venían a la costa, y de allí le dieron el nombre. Pero el autor que yo sigo, y entre los arábigos tiene más crédito, dice que cuando los moros ganada España se quisieron volver a sus casas, para detenellos, les dieron a poblar a cada uno la tierra que más parecía a la suya; y a estas provincias llamaron Coras, que quiere decir tanto, como la redondez de la tierra que descubre la vista: horizonte la podrían llamar los curiosos de vocablos. Los de Almería, ciudad populosa en la provincia de Frigia, donde fue cabeza la gran Troya, escogieron a Virgi por habitación, porque les pareció semejante a su ciudad, y le dieron su nombre, como dijimos que los de Damasco dieron el suyo a Granada. Fue Almería la de Asia destruida por el emperador Constancio, en tiempo de Mauhía IV, sucesor de Mahoma. Pues viendo el rey que los moros insistían tanto en la empresa de Almería, y si la ocupasen sería tener la puerta del reino y fundar en ella nombre y cabeza, según la tuvieron en otros tiempos; aunque por don García de Villarroel se guardase con bastante diligencia, quiso guardarla con más autoridad. Mandó que por entonces tuviese el cargo con mayor número de gente don Francisco de Córdoba que vivía retirado en casa; hombre plático en la guerra contra los moros, y que había seguido al emperador en algunas; criado debajo del amaestramiento de dos grandes capitanes, uno don Martín de Córdoba, su padre, conde de Alcaudete; otro don Bernardino de Mendoza, su tío. Estando en Almería don Francisco, llegó Gil de Andrada con las galeras de su cargo y otras con que guardaba la costa; y teniendo ambos aviso que en la sierra de Gador se recogía gran número de moros con sus mujeres y hijos (sobras de gente corrida por los marqueses de Mondéjar y Vélez), acompañados de treinta turcos, temiendo que juntos con otros le desasosegasen a Almería; juntó gente de la tierra, de la guardia della, y de las galeras hasta setecientos arcabuceros y cuarenta caballos. Fue sobre ellos, que estaban fuertes, y a su pesar defendidos con algún reparo de manos y aspereza del lugar: a la tierra llaman Alcudia, y al pueblo Inox, pocas leguas de Almería. Estuvo detenido cuasi cuatro días (por ser malo el tiempo en fin de enero), al pie de la montaña, y cuasi desconfiado de la empresa; resolviose a combatillos por dos partes, aunque era difícil la subida; hicieron la defensa que pudieron con piedras y gorguces, porque en tanto número como mil y quinientos hombres, había solos cuarenta arcabuceros y ballesteros: fueron rotos; murieron muchos, y con más pertinacia que los de otras partes, porque hasta las mujeres meneaban las armas; hubo cautivos cuasi dos mil personas; saliéronse los moros y entre ellos el capitán llamado Corcuz de Dalias, para caer después en las manos de los nuestros cerca de Vera, y morir en Adra sacados los ojos, con un cencerro al cuello, entregado a los muchachos, por los daños que siendo corsario había hecho en aquella costa. Tornó don Francisco la gente a Almería rica y contenta; dividió la presa entre los soldados; proveyó de esclavos las galeras; mas dende a pocos días, entendiendo como el marqués de Vélez venía por general de toda aquella provincia, y pareciéndole que bastaba para la ciudad un solo defensor, pidió licencia, y habida del rey tornó a su casa.

Crecía la libertad por todo y la permisión de los ministros, unos mostrando contentarse, otros no castigando; hombres a quien las desórdenes de nuestros soldados parecían venganzas, otros a quien no pesaba que creciesen éstas, y se diese ocasión a que el resto de los moriscos que estaba pacífico tomase las armas. Juntábanseles los ministros de justicia, pertinaces de su opinión, impacientes de esperar tiempo para el castigo, poco pláticos de temporizar hasta la ocasión; el interés de los que desean acrecentar los inconvenientes, la avaricia de los soldados, y por ventura la indignación del príncipe, la voz del pueblo, y quién sabe si la de Dios, para que el castigo fuese general, como había sido la ofensa.

Estaba por rebelar la Vega de Granada, de donde y de la tierra a la redonda cada día se pasaba gente y lugares enteros a los enemigos, excusándose con que no podían sufrir los robos de personas y haciendas, las fuerzas de hijas y mujeres, los cautiverios, las muertes. Estaba sosegada la serranía y el habaral de Ronda, la hoya y jarquía de Málaga, la sierra de Bentomiz, el río de Boloduí, la hoya y tierra de Baza, Güéscar, el río de Almanzora, la sierra de Filabres, el Albaicín y barrios de Granada poblados de moriscos. Había levantados algunos lugares en tierra de Almuñécar, el Val de Lecrin, el Alpujarra, tierra de Guadix, marquesado de Cenete, río de Almería, que en esto se encierra todo el reino de Granada poblado de moriscos. Mas Aben Humeya no perdía ocasión de solicitallos por medio de personas, que tenían entre ellos autoridad, o deudos de las mujeres con quien se había casado: usaba de blandura general; quería ser tenido por cabeza, y no por rey; la crueldad, la codicia cubierta engañó a muchos en los principios; pero no a su tío Aben Jahuar, que, dejando parte del dinero y riquezas en poder del sobrino, llevando lo mejor consigo, resoluto de huir a Berbería, mostró ir a solicitar el levantamiento de la sierra de Bentomiz: vino a Pórtugos, donde murió de dolor de la hijada, viejo, descontento y arrepentido. Mostró Aben Humeya descontentamiento, más por haberle la enfermedad quitado el cuchillo de las manos, que por la falta del tío; tomole los dineros y hacienda con ocasión de entregarse de mucha, que había entrado en su poder de diezmos y quintos. Tal fue la fin de don Fernando el Zaguer Aben Jahuar, cabeza del levantamiento en la Alpujarra, inventor del nombre de rey entre los moros de Granada, poderoso para hacer señor a quien le quitó la hacienda y fue causa de su muerte; tal el desagradecimiento de Aben Humeya contra su sangre, que le había dado señorío y título de rey, pudiéndolo tomar para sí. Mas así a los príncipes verdaderos como a los tiranos son agradables los servicios, en cuanto parece que se pueden pagar; pero cuando pasan muy adelante, dase aborrecimiento en lugar de merced.

Acabó de resolverse el rey en la venida de su hermano a Granada, para emplealle en empresa que puesto que de suyo fuese menuda, era de muchos cabos peligrosa, por la vecindad de Berbería; y queriéndose llevar por violencia, larga; por ser guerra de montaña, en ocasión que el rey de Argel estaba armado, y la armada del Gran Turco junta contra venecianos. Hizo dos provisiones: una en don Luis de Requesens, que estaba por embajador en Roma, teniente de don Juan de Austria en la mar, para que con las galeras de su cargo que había en Italia, y trayendo las banderas del reino de que don Pedro de Padilla era maestro de campo, viniese a hacer espaldas a la empresa, poniendo la gente en tierra donde a don Juan pareciese que podía aprovechar; y juntando con sus galeras las de España, cuyo capitán era don Sancho de Leiva, hijo de Sancho Martínez de Leiva, estorbase el socorro que podía venir de Berbería a los enemigos; proveyese de vitualla y municiones las plazas del reino de Granada que están a la costa, y al ejército cuando estuviese en parte a propósito. Otra provisión (resoluto de hacer la guerra con mayores fuerzas), fue mandar al marqués de Mondéjar que estaba en Órgiba para salir en campo, que dejando en su lugar a don Antonio de Luna o a don Juan de Mendoza, cual de ellos le pareciese, con expresa orden que no innovasen ni hiciesen la guerra; viniese a Granada para recibir a don Juan y asistir con él en consejo, juntamente con los que hubiesen de tratar los negocios de paz y guerra, no dejando el uso de su oficio, como capitán general de la gente ordinaria del reino de Granada; o si mejor le pareciese, quedase en Órgiba a hacer la guerra guardando en todo la orden que don Juan de Austria, su hermano, le diese, a quien enviaba por cabeza y señor de la empresa. Pareció al marqués escoger la asistencia en consejo, o porque con la plática de la guerra pasada, con el conocimiento de la tierra y gente, y con el ejercicio de aquella manera de milicia en que se había criado (aunque en todo diferente de la ordinaria), esperaba que el crédito y el gobierno pararía en su parecer, y la ejecución en su mano; o temiendo quedar debajo de mano ajena, y ser mal proveído, mandado y a veces calumniado o reprendido como ausente: dejó a don Juan de Mendoza contento, regalado y honrado en Órgiba, por ser hombre plático, más desocupado, de su nombre, y con cuyos deudos tenía antigua amistad (aunque algunos creen que en ello no hizo su provecho), y vino a Granada. Salido de Órgiba, estuvo aquella frontera sosegada, sin hacer ni recebir daño de los enemigos, discurriendo ellos a una y otra parte con libertad.

Llegó don Juan de Austria trayendo consigo a Luis Quijada (plático en gobernar infantería, cuyo cargo había tenido en tiempo del emperador), hombre de gran autoridad, por voluntad del rey, que le remitió la suma de todo lo que tocaba al gobierno de la persona y consejo del hermano, y por la crianza que había hecho en él, por mandado del emperador. Fue recebido don Juan con grandes demonstraciones y confianza, sin dejar ninguna manera de ceremonia, excepto las ordinarias que se suelen hacer a los reyes; y aun la lisonja (que su verdad está en las palabras), se extendió a llamarle Alteza, no embargante que hubiese orden expresa del rey, para que su ministros y consejeros le llamasen Excelencia, y él no se consintiese llamar de sus criados otro título. Posó en las casas de la Audiencia por estar en medio de la ciudad; casas de mala ventura las llamaban en su tiempo los moros, y así dellas salió su perdición. Llegó dende a pocos días Gonzalo Hernández de Córdoba, duque de Sesa, nieto del Gran Capitán, que después de haber dejado el gobierno del estado de Milán, conformando más su voluntad con la de sus émulos que con la del rey, vivía en su casa libre de negocios aunque no de pretensiones: fue llamado para consejo, y uno de los ministros desta empresa, como quien había dado buena cuenta de las que en Lombardía tuvo a su cargo. Lo primero que se trató fue procurar que se asegurase Granada contra el peligro de los enemigos declarados fuera y sospechosos dentro; visitar la gente que estaba alojada en el Albaicín y otras partes, por la ciudad y la Vega, y en frontera contra los enemigos; repartir y mudar las guardias, al parecer con más curiosidad que necesidad de los muros adentro; y aun quedó muchos meses de parte del realejo sin guardia a discreción de pocos enemigos. En el campo andaban solas dos cuadrillas, ningunos atajadores por la tierra; que daba avilanteza a los contrarios de inquietar la ciudad, y a nosotros causa de correr las calles a un cabo y a otro, y algunas veces salir desalumbrados, inciertos del camino que llevaban. Atajadores llaman entre gente del campo hombres de a pie y de a caballo, diputados a rodear la tierra, para ver si han entrado enemigos en ella o salido. Era excusable esta manera de defensa por ser aventurera la gente, muchas banderas de poco número, mantenidas sin pagas con solos alojamientos, la ciudad grande, continuada con la montaña; los pasos como pocos y ciertos en tiempo de nieve, así muchos e inciertos estando desnevada la sierra; un ejército en Órgiba, que los moros habían de dejar a las espaldas viniendo a Granada, aunque lejos.

El propósito requiere tratar brevemente del asiento de Granada por clareza de lo que se escribe. Es puesta parte en monte y parte en llano: el llano se extiende por un cabo y otro de un pequeño río que llaman Darro, que la divide por medio; nace en la Sierra Nevada, poco lejos de las fuentes de Genil, pero no en lo nevado; de aire y agua tan saludable, que los enfermos salen a repararse, y los moros venían de Berbería a tomar salud en su ribera, donde se coge oro; y entre los viejos hay fama, que el rey de España don Rodrigo tenía riquísimas minas debajo de su cerro que dicen del Sol. Está lo áspero de la ciudad en cuatro montes: el Alhambra a levante, edificio de muchos reyes, con la casa real, y San Francisco, sepultura del marqués don Íñigo de Mendoza, primer alcaide y general, humilde edificio, mas nombrado por esto; fuerza hecha para sojuzgar la parte de la ciudad que no descubre la Alhambra, con el arrabal de la Churra y calle de los Gomeres, que todo se continúa con la sierra de Güéjar; el Antequeruela, y las torres bermejas, que llaman Mauror, a mediodía; el Albaicín, que mira al norte con el Hajariz; y como vuelve por la calle de Elvira la ladera que dicen Cenete por ser áspera; el Alcazaba cuasi fuera de la ciudad a mano derecha de la puerta de Elvira que mira al poniente. Con estos dos montes Albaicín y Alcazaba se continúa la sierra de Cogollos, y la que decimos del Puntal. En torno de estos montes y la falda de ellos, se extienden los edificios por lo llano hasta llegar al río Genil que pasa por defuera. Al principio de la ciudad, la Plaza Nueva sobre una puente; y cuasi al fin, la de Bibarrambla, grande, cuadrada, que toma nombre de la puerta; ambas plazas juntadas con la calle de Zacatín; antes la iglesia mayor, templo el más suntuoso después del Vaticano de San Pedro; la capilla en que están enterrados los reyes don Fernando y doña Isabel, conquistadores de Granada, con sus hijos y yernos; el alcaicería que hasta ahora guarda el nombre romano de César (a quien los árabes en su lengua llaman Caizar), como casa de César. Dicen las historias arábigas y algunas griegas, que por encerrarse y marcarse dentro la seda que se vende y compra en todo el reino la llaman desa manera, dende que el emperador Justino concedió por privilegio a los árabes scenitas, que solos pudiesen criarla y beneficiarla; mas extendiendo debajo de Mahoma y sus successores su poder por el mundo, llevaron consigo el uso della, y pusieron aquel nombre a las casas donde se contrataba; en que después se recogieron otras muchas mercaderías, que pagaban derechos a los emperadores, y perdido el imperio a los reyes. Fuera de la ciudad el Hospital Real, fabricado de los reyes don Fernando y doña Isabel, San Hierónimo, suntuoso sepulcro del gran capitán Gonzalo Hernández y memoria de sus victorias; el río Genil, que cuasi toca los edificios, dicho de los antiguos Singilia, que nace en la Sierra Nevada, a quien llamaban Solaria y los moros Solaira, de dos lagunas que están en el monte cuasi más alto, de donde se descubre la mar, y algunos presumen ver de allí la tierra de Berbería. En ellas no se halla suelo ni otra salida sino la del río, cuyas fuentes tienen los moradores por religión, diciendo que horadan el monte por milagro de un santo que está sepultado en otro monte contrario, dicho Sant Alcazaren. Va primero al norte, y pequeño; mas en poco camino, grande con las nieves cuando se deshacen y arroyos que se le juntan. A una y otra parte moraban pueblos, que agora aun el nombre de ellos no queda: iliberitanos o libertinos en tiempo de los antiguos españoles, lo que decimos Elvira, en cuyo lugar entró Granada; ilurconeses, pequeños cortijos; la torrecilla y la torre de Roma, recreación de la Cava romana, hija del conde Julián el traidor: todo poblaciones de los soldados que acompañaron a Baco en la empresa de España; según muestran los nombres y muchos letreros e imágenes, en que se ven esculpidas procesiones y personajes que representan juegos y ceremonias del mismo Baco a quien tuvieron por dios; todo esto en la Vega. Después Loja, Antequera, dicha Singilia, del nombre del mismo río; Écija, dicha Ástigis: colonias de romanos antiguamente, hoy ciudades populosas en el Andalucía, por donde pasa; hasta que haciendo mayor a Guadalquivir, deja en él aguas y nombre.

Cesaron los oficios de Guerra y gobierno, excepto de justicia, con la presencia de don Juan. Su comisión fue sin limitación ninguna; mas su libertad tan atada, que de cosa grande ni pequeña podía disponer sin comunicación y parecer de los consejeros y mandado del rey, salvo deshacer o estorbar; que para esto la voluntad es comisión: mozo afable, modesto, amigo de complacer, atento a los oficios de guerra, animoso, deseoso de emplear su persona. Acrecentaba estas partes la gloria del padre, la grandeza del hermano, las victorias del uno y del otro. Lo primero en que se ocupó fue en reformar los excesos de capitanes y soldados en alojamientos, contribuciones, aprovechamientos de pagas, estrechando la costa, aunque no atajando las causas de la desorden. En aquellos principios don Juan era poco ayudado de la experiencia, aunque mucho de ingenio y habilidad. Luis Quijada, áspero, riguroso, atado a la letra, que tuvo la primera orden de guerra en la empresa del emperador contra el rey Enrico II de Francia, siempre mandado. Él y el duque de Sesa acostumbrados a tratar gente plática, con menos licencia, mas proveída, mayores pagas y más ordinarias en Flandes, en Lombardía, lejos cada uno de su tierra; donde convenía esperar pagas, contentarse con los alojamientos, antes que tornar a España, la mar en medio: todo aquí por el contrario. El marqués de Mondéjar también capitán general antes que soldado, criado a las órdenes de su abuelo y padre, al poco sueldo, a las limitaciones de la milicia castellana, no guiar ejércitos, poca gente, menos ejercicio de guerra abierta. El presidente sin plática de lo uno y de lo otro, a la aspereza de unos, la blandura de otros, la limitación de todos, causaba irresolución de provisiones y otros inconvenientes. No faltaron algunos de la opinión del marqués de Mondéjar, que daban la guerra por acabada.

Había pocos oficiales de pluma, perdían los soldados el respeto, hacíase costumbre del vicio, envilecíase el buen nombre y reputación de la milicia; apocose tanto la gente, que fue necesario tratar de nuevo con las ciudades no solo del Andalucía y Extremadura, mas con las más apartadas de Castilla que enviasen suplemento della; y vinieron las de más cerca, con que parecía remediarse la falta.

Regalaba y armaba Aben Humeya los que se iban a él: tornó a solicitar con personas ciertas los príncipes de Berbería, según parecía por las respuestas que fueron tomadas: envió dineros, ropa, cautivos; acercose a nuestros presidios, especialmente a Órgiba, donde entendió que faltaba vitualla. Aunque don Juan de Mendoza mantenía la gente disciplinada, ocupada en fortificar el lugar, según la flaqueza dél; mandó don Juan que fuese del Padul proveído, y llevase la escolta a su cargo Juan de Chaves de Orellana, uno de los capitanes que trujeron la gente de Trujillo. Mas él por estar enfermo envió su alférez llamado Moriz con la compañía; hidalgo, pero poco próvido y muy libre: caminó con doscientos y cincuenta soldados, hombres, si tuvieran cabeza. Entendieron los moros la salida de la escolta por sus atalayas; juntáronse trescientos arcabuceros y ballesteros, mandados por el Macox, hombre diestro y plático de la tierra, a quien después prendió don Fernando de Mendoza, cabeza de las cuadrillas, y mandó justiciar el duque de Arcos en Granada. Emboscó parte en la cuesta de Talera y un arroyo que la divide del lugar, parte en las mismas casas; y dejándolos pasar la primera emboscada, acometió a un tiempo a los que iban en la rezaga y los delanteros. Peleose en una y otra parte, pero fueron rotos los nuestros, y murieron todos; con ellos el alférez, por no reconocer; y aun dicen que borracho, más de confianza que de vino: perdiéronse bagajes, bagajeros, y la vitualla, sin escapar más de dos personas: hoy se ven blanquear los huesos, no lejos del camino. Túvose de este caso tanto secreto, que primero se supo de los enemigos. Mas porque muchos moriscos de paz, especialmente de las Albuñuelas, se hallaron con el Macox, y porque los vecinos de aquel lugar acogían y daban vitualla a los moros, y con ellos tenían continua plática; pareció que debían ser castigados y el lugar destruido, así por ejemplo de otros, como por entretener con algún cebo justificado la gente que estaba ociosa y descontenta. Es las Albuñuelas lugar asentado en la falda de la montaña a la entrada de Val de Lecrin, depósito de todos los frutos y riquezas del mismo valle, cinco leguas de Granada, en tres barrios, uno apartado de otro; la gente más pulida y ciudadana que los otros de la sierra; tenidos los hombres por valientes y que pudieron resistir las armas del Rey Católico don Fernando hasta concertarse con ventaja. Mandose a don Antonio de Luna, capitán de la Vega, que con cinco banderas de infantería y doscientos caballos, amaneciese sobre el lugar, degollase los hombres, hiciese cautiva toda manera de persona, robase, quemase, asolase las casas. Mas don Antonio, hombre cuidadoso y diligente, o que no midiese el tiempo, o que la gente caminase con pereza, llegó cuando los vecinos parte eran huidos a la montaña, parte estaban prevenidos en defensa de las calles y casas, con un moro por capitán, llamado Lope. Anduvo la ejecución tan espaciosa, la gente tan tibia, que de los enemigos murieron pocos, y de ésos los más viejos, perezosos y enfermos; y de los nuestros algunos: cautiváronse niños y mujeres, los que no pudieron escapar a lo alto; fue saqueado el uno de los tres barrios, y el escarmiento de los enemigos tan liviano, que saliendo por una parte nuestra gente, entraba la suya por otra: habitaron las casas, segaron sus panes aquel año, y sembraron sin estorbo para el siguiente.

Estaban las cosas calladas y suspensas sin el continuo desasosiego, que daban los moros en la ciudad: gobernábalos en la parte que cae al valle y la Vega un capitán llamado Nacoz (que en su lengua quiere decir campana), mostrándose a todas horas y en todos lugares. Ya se habían encontrado él y don Antonio de Luna con número cuasi igual de gente de a pie, aunque con ventaja don Antonio por la caballería que llevaba: se partieron con igualdad, cuasi sin poner manos a las armas; poniéndose el Nacoz en salvo; el barranco en medio de su gente y nuestra caballería. Dicen que de allí atravesó la sierra de la Almijara, y por Almuñécar, con su hacienda y familia pasó a Berbería.

Visto por don Juan que los enemigos crecían en número y experiencia; que eran avisados por los moriscos de Granada, ayudados con vitualla, reforzados con parte de la gente moza de la ciudad y la Vega; que no cesaban las pláticas y tratados; el concierto de poner en ejecución el primero aún estaba en pie; que tenían señalado día y hora cierta para acometer la ciudad; número de gente determinado; capitanes nombrados Girón, Nacoz, uno de los Partales, Farax, Chocón, Rendati, moriscos; Caracax y Hosceni, turcos, y Dalí capitán general de todos, venido por mandado del rey de Argel; dio aviso de todo encareciendo el peligro por parte de los enemigos, si se juntaban con los de Granada y la Vega, y de los nuestros por la flaqueza que sentía en la gente común, por la corrupción de costumbres y orden de guerra.

Mandó el rey que todos los moriscos habitantes en Granada saliesen a vivir repartidos por lugares de Castilla y el Andalucía; porque morando en la ciudad, no podían dejar de mantenerse vivas las pláticas y esperanzas dentro y fuera. Había entre los nuestros sospechas, desasosiego, poca seguridad; parecía a los que no tenían experiencia de mantener pueblos oprimiendo o engañando a los enemigos de dentro y resistiendo a los de fuera, estar en manifiesto peligro. Con tal resolución ordenó don Juan a los 23 de junio, que encerrasen todos los moriscos en las iglesias de sus parroquias. Ya era llegada gente de las ciudades a sueldo del rey, y se estaba con más seguridad. Puso la ciudad en arma, la caballería y la infantería repartida por sus cuarteles; ordenó al marqués de Mondéjar que subiendo al Albaicín, se mostrase a los moriscos; y con su autoridad los persuadiese a encerrarse llanamente. Recogidos que fueron desta manera, mandáronlos ir al hospital real fuera de Granada un tiro de arcabuz; anduvo don Juan por las calles con guardas de a caballo y guión; violos recoger inciertos de lo que había de ser de ellos; mostraban una manera de obediencia forzada, los rostros en el suelo con mayor tristeza que arrepentimiento; ni de esto dejaron de dar alguna señal; que uno de ellos hirió al que halló cerca de sí, dícese que con acometimiento contra don Juan, pero lo cierto no se pudo averiguar porque fue luego hecho pedazos; yo que me hallé presente diría que fue movimiento de ira contra el soldado, y no resolución pensada. Quedaron las mujeres en sus casas algún día, para vender la ropa y buscar dineros con que seguir, y mantener sus maridos. Salieron, atadas las manos, puestos en la cuerda, con guarda de infantería y caballería por una y otra parte, encomendados a personas que tuviesen cargo de irlos dejando en lugares ciertos del Andalucía, y guardallos; tanto porque no huyesen, como porque no recibiesen injuria. Quedaron pocos mercaderes y oficiales, para el servicio y trato de la ciudad; algunos a contemplación y por interés de amigos. Muchos de los mancebos que adivinaron la mala ventura huyeron a la sierra, donde la hallaban mayor;

los que salieron por todos tres mil y quinientos; el número de mujeres mucho mayor. Fue salida de harta compasión para quien los vio acomodados y regalados en sus casas; muchos murieron por los caminos de trabajo, de cansancio, de pesar, de hambre, a hierro, por mano de los mismos que los habían de guardar, robados, vendidos por cautivos.

Ya el rey había enviado personas que tuviesen cuenta con su hacienda, porque antes no las había, como en negocio de que presto se venría al fin; contador, pagador, veedor general y particulares; dentro en consejo al licenciado Muñatones que había servido de alcalde de corte al emperador en sus jornadas y de su consejo; hombre hidalgo y limpio, y en diversos tiempos de próspera y contraria fortuna. Como los moriscos salieron de Granada, perdiose la comodidad de los soldados; cesaron los alojamientos, camas, fuego, vasos: cosas que se dan en hospedaje sin que la gente no puede vivir ni cómoda ni suficientemente. Aun para la ciudad y soldados no estaba hecha provisión de vitualla, pero entraron a mantener la gente con socorros, mudando término y propósito. Fue mayor el aprovechamiento de los capitanes y oficiales de guerra con los socorros y raciones, cuanto más a menudo se tomaban las muestras; entraban a ellas en lugar de soldados vecinos del pueblo; sucedieron a cumplir la hacienda del rey, en lugar de los moriscos, los bagajeros y vivanderos rescatados; por todo se robaba a amigos, como a enemigos; a cristianos, como a moros; padecían los soldados, adolecían, íbanse, crecieron las desórdenes y composiciones por la Vega. Nació una opinión entre los ministros, la cual como provechosa donde el pueblo es enemigo y la gente poca; así errada, donde no hay pueblo contrario; y fue que no se debían tomar muestras, porque los enemigos no entendiesen cuán pocos eran los soldados, y que se debía permitir la licencia y excesos, porque no se amotinasen ni huyesen. La gente de la ciudad era mucha, buena, y armada; los moriscos fuera, los soldados no tan pocos, que no fuesen superiores, juntos con el pueblo, a los enemigos; guarda de a pie y de a caballo en la vega; armado en Órgiba don Juan de Mendoza: ¿qué temor o recatamiento podía estorbar el remedio de inconvenientes, que eran causa de poner en peligro la empresa, y de que los moros de la Vega no pudiendo sufrir tanto maltratamiento, yéndose a la sierra acrecentasen el número de los enemigos? Duró tantos meses esta manera de gobierno, que dio causa a intenciones libres y sospechosas de pensar, que no faltaban personas a quien contentase que, creciendo los inconvenientes, fuese mayor la necesidad.

Declaró el rey, como estaba acordado, que el marqués de Vélez tuviese cargo de los partidos de Almería, Guadix, Baza, río de Almanzora, sierra de Filabres; y queriendo salir contra los enemigos, pareciole asegurar el puerto que dicen de la Ravaha, paso de la Alpujarra para tierra de Guadix y Granada; mandó que con cuatrocientos hombres enviados de Guadix, Gonzalo Fernández, capitán viejo, plático en las escaramuzas de Orán, tomase lo alto del puerto, y se hiciese fuerte hasta tener orden suya. Comenzó a subir la montaña sin reconocer; mas los moros que estaban cubiertos en lo alto y en lo hondo del camino, dejando subir parte de la gente, echaron cuarenta arcabuceros que acometiesen la frente, y por el costado dieron cien hombres, hasta ponellos en desorden; y cargándolos en rota, murió la mayor parte huyendo; perdiéronse las armas, munición y vitualla que llevaban; poca gente tornó a Guadix con el capitán. Don Juan, temeroso que los enemigos cargasen a la parte de Guadix, proveyó para guardia della a Francisco de Molina, que sirvió de capitán al emperador en las guerras de Alemania.

Con el suceso de la Ravaha se levantó la sierra de Bentomiz y tierra de Vélez Málaga; no hicieron los excesos que en el Alpujarra; antes contentándose con recoger la ropa a lugares fuertes sin hacer daños, echaron bando que ninguno matase o cautivase cristiano, quemase iglesia, tomase bienes de cristianos o de moros que no se quisiesen recoger con ellos; fortificaron para refugio y seguridad de sus personas un monte llamado Frexiliana la vieja, a diferencia de la nueva cerca dél, deshabitado de muchos tiempos; los antiguos españoles y romanos le llamaron Sexifirmum. Estuvieron desta manera tanto más sospechosos a Vélez, cuanto procedían más justificadamente, sin comunicación o comercio en el Alpujarra. Mas Arévalo de Suazo, corregidor de Málaga y Vélez, avisado primero por cartas de don Juan como los moriscos de aquella sierra estaban para levantarse y ocupar a Vélez, movido por la razón de que se podía continuar aquel levantamiento por la hoya y jarquía de Málaga, hasta tierra de Ronda, si con tiempo no se atajase, y con alguna esperanza de pacificar los moros por vía de concierto; partió de Málaga con cuatrocientos infantes y cincuenta caballos, llegó a

Vélez, y hizo salir del fuerte la gente del pueblo que había desamparado lo llano; puso el lugar en defensa; socorrió el castillo de Caniles, lugar del marqués de Comares, que estaba en aprieto, echando los moros de la tierra, los cuales y los de Sedella se fueron a juntar con los de toda la sierra, y a un tiempo descubrieron el levantamiento que tengo dicho. Volvió a Vélez Suazo juntando mil y quinientos infantes con la caballería que se hallaba; y entendiendo que se recogían y fortificaban en la sierra, quiso ir a reconocellos y en ocasión combatillos. Hallolos en Frexiliana la vieja fortificados: el general de ellos era Gomel, y tenía consigo otros capitanes; todos se mandaban por la autoridad de Benaguazil. Pero en la subida de la montaña creyendo que bastaría mostralles las armas, trabó la gente desmandada una escaramuza, y siguiéronla dos banderas de infantería sin orden, y sin podellos Arévalo de Suazo retirar; harto ocupado en estorbar que el resto no saliese tras ellos. Mas los moros, que habían hecho rostro a la escaramuza, viendo la gente que cargaba de nuevo y conociendo la desorden, comenzáronse a retirar hasta sus reparos, y saltando fuera golpe de arcabuceros y ballesteros, apretaron nuestra gente cuasi puesta en rota ejecutándola hasta lo llano. Arévalo de Suazo, parte acometiendo, parte retirando y amparando la gente, volvió con ella, algunos muertos y pocos heridos, a Vélez, donde estuvo a la guarda del lugar y la tierra, y los moros volvieron a continuar su fuerte. Don Juan, visto el caso, y pareciéndole dar dueño a la empresa que la hiciese a menos costa y con más autoridad, aunque en Arévalo de Suazo no hubiese, como no hubo falta, ofreció aquella jornada por mandado del rey a don Diego de Córdoba marqués de Comares, gran señor en el Andalucía, y fuera della de mayores esperanzas, que tenía parte de su estado en aquella montada pacífico y guardado; pero fue la oferta de manera, que justificadamente pudo excusarse.

En este tiempo se declararon los preparamientos del rey de Argel ser contra el de Túnez Muley Hamida; y el rey de Fez se quietó. Partió el de Argel con siete mil infantes turcos y andaluces y doce mil caballos, parte de su sueldo y parte alárabes que labraban la tierra: juntáronse a una legua de Beja, ciudad grande, y veinte de Túnez; mas el rey de Túnez fue roto, y salvose con doscientos caballos hacia la tierra que dicen de los Dátiles. Perdió a Beja y Túnez, que ahora está en poder de turcos, y a Biserta, que comenzaron a fortificar, lugar de comarca provechoso para quien lo ocupare y pudiese mantener; Hippon Diarritos le llamaron los griegos, a diferencia de Bona: púsole el nombre Agatocles, tirano de Sicilia, en la gran empresa que tuvo contra los cartagineses. Mas por quitar duda y oscuridad, diré que entiendo de estos reinos. El de Fez fue reino de Sifax, que tuvo guerra contra los romanos, de quien tanta memoria hacen sus historias. Después de varias mudanzas, edificó la ciudad Idriz, del linaje de Alí, que conquistó a Berbería, y en memoria tienen su alfanje colgado en el templo principal con gran veneración. Diole el nombre del río que pasa por medio, llamado entonces Fez. Juntó los edificios Jusef Miramarazohir Aben Jacob, del linaje de los de Benimerin, que fue vencido del rey don Alonso en la batalla de Tarifa; y por la comodidad de guerrear contra el rey de Tremecén, la hizo de nuevo cabeza del reino poseído al presente por los hijos de Jarife; hombre que, de predicador y tenido por santo y del linaje de Mahoma, vino, juntando las armas con la religión, al señorío de Marruecos y Fez, como lo han hecho muchos de su secta en África, comenzando de Mahoma hasta los almorávides, los almohades, los benimerines, los benioaticis, jarifes que hoy son; todos religiosos y armados, y que por este medio vinieron a la alteza del reino. El de Túnez tuvo mayor antigüedad por fundarse en las sobras de la gran Cartago destruida por Scipión Africano, y vuelta a restaurar primero por los cónsules romanos y por Tiberio Graco, después mudado el sitio a lo llano por César Augusto, y habitada de romanos, poseída de los emperadores, ganada por los vándalos, y recuperada por Belisario, capitán del emperador Justiniano; siempre tenida por la tercia parte del imperio griego hasta el tiempo de los alárabes, que fue por Occuba Ben-Nafic, capitán de Mauhía, sojuzgada, venciendo y matando al conde Gregorio, lugarteniente del emperador Constantino, hijo de Constante, con setenta mil caballos cristianos en la gran batalla junto a África, que los moros llaman Mehedia (del nombre de un su príncipe dicho Mohahedin), y los romanos Adrumentum, agora lugar destruido por el ejército del emperador don Carlos. Las armas con que se halló el conde Gregorio, a quien los alárabes llaman Groguir, dicen, que fueron muchas mujeres en torno bien aderezadas y hermosas; él en una litera de hombros con piedras preciosas, cubierta de paño de oro, y dos mancebos que con mosqueadores de plumas de pavo le quitaban el polvo. Mauhía ocupó a Cartago por entrega de María, hija del conde Gregorio, con pacto que casase con ella, mas, descontento del casamiento, la dejó. Deshabitó a Cartago, pasó la población donde ahora es Túnez, que entonces era pequeño lugar y siempre del mismo nombre. Quedaron repartidos los romanos en doce aldeas, que hoy son de labradores moros en el cabo que llaman de Cartago, donde fue la ciudad competidora de Roma; el nombre della dura en un pequeño pueblo, y ése sin gente: tantas mudanzas hace el mundo, y tan poca seguridad hay en los estados. Gobernose Túnez en forma de república hasta los tiempos de Miramamolin Jusef, que envió a Abdeluahhed, su capitán, natural de Sevilla, que los gobernó y sujetó con ocasión de defendellos contra los alárabes; cuyo hijo quedó por señor, y fue el primero rey de Túnez hasta Muztancoz, que ennobleció la ciudad, y dende él a Hamida, que hoy reina, sin perderse la sucesión, según la verdad de sus historias, cegando o matando los padres a los hijos, o los hijos a los padres, como hizo Hamida que cegó a Muley Hacen, su padre, y le quitó el reino, en que el emperador don Carlos, vencedor de muchas gentes, le había restituido, echando a Barbarroja, tirano dél, puesto por mano del gran señor de los turcos.

Menores fueron los principios del señorío de Argel que hoy está en mayor grandeza: al lugar llaman los moros Algezair por una isla que tenía delante; nosotros le llamamos Argel; antiguamente se pobló de los moradores de Cesárea, que ahora se llama Xargel. Estuvo siempre en el señorío de los reyes godos de España hasta que vinieron los moros, y en tiempo de ellos fue lugar de poco momento regido por jeques. Mas después el rey don Fernando el Católico hizo tributario al señor, y edificó el Peñón. Muerto el rey, el cardenal fray Francisco Jiménez, gobernador de España en los principios del reinado del emperador don Carlos, tornó a Bugía (casa real del rey Bocho de Mauritania, dicha por esto de su nombre, según los alárabes), y quiso crecer el tributo moviendo nuevo concierto con el Jeque: ofendidos los moros, reprendido y arrepentido el señor, se retiró. El cardenal, hombre de su condición armígero, y aun desasosegado, armó contra él haciendo capitanes a Diego de Vera y Juan del Río: juntose esta armada a manera de arrendamiento; que todos los que tenían oficios menores, si los querían pasar en sus hijos por una vida, fuesen a servir, o llevasen o diesen en su lugar tantos hombres, según la importancia del oficio. Perdiose la armada por mal tiempo, confusión y poca plática de los que gobernaban, y ésta fue la primera pérdida que se hizo sobre Argel. Mas el Jeque, temiendo que con mayores fuerzas se renovaría la guerra, trajo por huésped y soldado a Barbarroja, hermano del que fue tirano de Túnez, que entonces era su lugarteniente y secretario; venidos a la grandeza que tuvieron, de capitanes de un bergantín. Había tentado Barbarroja Horux (que así se llamaba el mayor), la empresa de Bugía; perdido el tiempo, la gente, un brazo y la armada; recogídose con cuarenta turcos a un pequeño castillo, de donde el jeque otra vez le trajo al sueldo; mas él, juntándose con los principales, mató al jeque llamado Selin Etenri estando comiendo en un baño; hízose señor y llamose rey. Dende a poco salió para la empresa de Tremecén, y ocupado aquel reino, quedó por señor; y su hermano Harradin por gobernador en Argel; mas echado después de Tremecén por los capitanes del Alcaide de los Donceles, abuelo de este marqués de Comares, que era entonces general de Orán, y muerto huyendo, quedó el reino Argel en poder del hermano. Había don Hugo de Moncada hecho tributarios los Gelves después de algunos años de la pérdida del conde Pedro Navarro y muerte de don García de Toledo, hijo del duque de Alba don Fadrique, padre del duque don Fernando que hoy gobierna los estados de Flandes; y tornando con la armada por mandado del emperador sobre Argel, con intento de destruilla y asegurar la marina de España, intentó desdichadamente la venganza de Diego de Vera y Juan del Río; porque con tormenta perdió mucha parte de la armada, y echando gente en tierra para defender los que se iban a ella con miedo de la mar, perdió también lo uno y lo otro. Crecieron las fuerza de Barbarroja; extendiose por la tierra adentro su poder; deshizo el Peñón, que era isla; continuola con la tierra firme; ocupó los lugares de la mar Xargel, Guiján, Brisca, y el reino de Túnez, aunque pequeño. Vino a noticia del señor de los turcos, que pretendía por seguridad y paz de sus hijos ocupar a África y poner en Túnez a Bayaceto que se mató a sí mismo: adelantó a Barbarroja en fuerzas, y autoridad por conseguir este fin y poner al emperador en estrecho y necesidad. Diole mayor armada con que ocupase y afirmase el reino de Túnez, de donde echado por el emperador, pasó a Constantinopla; quedó general de la armada del Turco, y después favorecido y honrado hasta que murió, tenido en más por haberle vencido el emperador; porque los vencedores honrados honran a los vencidos. Quedó el reino de Argel en poder de gobernadores enviados por el Turco; mas el emperador, temiendo la poca seguridad que tenía en sus estados con la grandeza de los turcos en Argel, y hallándose en Alemania al tiempo que el Gran Turco venía sobre ella, mal proveído de dineros para resistille, no quiso obligarse a la empresa. Quedar sin salir a ella en Alemania, era poca reputación: tomó por expediente la de Argel, donde fue roto de la tormenta; retirose por tierra a Bugía, perdiendo mucha parte de la armada, pero salvó el ejército y la reputación, con gloria de sufrido, de diestro y valeroso capitán. De allí crecieron sin resistencia las fuerzas de los señores de Argel; tomaron a Tremecén, a Bugía; y por su orden los corsarios a Jayona, de los moros; a Trípoli, de la orden de san Juan; rompieron diversas armadas de galeras, sin otra adversidad más que la pérdida que hicieron de su armada en la batalla que don Bernardino de Mendoza ganó a Alí Hamete y Cara Mami, sus capitanes, sobre la isla de Arbolán. Por este camino vino el reino de Argel a la grandeza que ahora tiene.

Libro III

Entretenía el Gran Turco los moros del reino de Granada con esperanzas, por medio del rey de Argel, para ocupar, como dijimos, las fuerzas del rey don Felipe en tanto que las suyas estaban puestas contra venecianos; como quien (dando a entender que las despreciaba), ninguna ocasión de su provecho, aunque pequeña, dejaba pasar. Entretanto el comendador mayor don Luis de Requesens sacó del reino y embarcó la infantería española en las galeras de Italia, dejando orden a don Álvaro de Bazán que con las catorce de Nápoles, que eran a su cargo, y tres banderas de infantería española, corriese las islas y asegurase aquellos mares contra los corsarios turcos. Vino a Civitavieja; de allí a puerto Santo Stéfano, donde juntando consigo nueve galeras y una galeota del duque de Florencia, estorbado de los tiempos entró en Marsella. Dende a poco, pareciendo bonanza, continuó su viaje; mas entrando la noche, comenzó el narbonés a refrescar, viento que levanta grandes tormentas en aquel golfo y travesía para la costa de Berbería, aunque lejos: tres días corrió la armada tan deshecha fortuna, que se perdieron unas galeras de otras; rompieron remos, velas, árboles, timones; y, en fin, la capitana sola pudo tomar a Menorca, y dende allí a Palamós; donde los turcos forzados, confiándose en la flaqueza de los nuestros por el no dormir y continuo trabajo, tentaron levantarse con la galera; pero sentidos, hizo el Comendador mayor justicia de treinta. Nueve galeras de las otras siguieron la derrota de la capitana; cuatro se perdieron con la gente y chusma; la una que era de Estéfano de Mari, gentil hombre genovés, en presencia de todas en el golfo embistió por el costado a otra, y fue la embestida salva, y a fondo la que embistió; acaecimiento visto pocas veces en la mar; las demás dieron al través en Córcega y Cerdeña, o aportaron en otras partes con pérdida de la ropa, vitualla, municiones y aparejos, aunque sin daño de la gente. Luego que pasó la tormenta, llegó don Álvaro de Bazán a Cerdeña con las galeras de Nápoles; puso en orden cinco de las que habían quedado para navegar; en ellas y en las suyas embarcó los soldados que pudo; llegó a Palamós, y juntándose con el Comendador mayor, navegaron la costa del reino de Granada, a tiempo que poco había fuera el suceso de Bentomiz y otras ocasiones, más en favor de los moros que nuestro. Llevó consigo de Cartagena las galeras de España que traía don

Sancho de Leiva; y tornando don Álvaro a guardar la costa de Italia, él partió con veinte y cinco galeras para Málaga. Mas al pasar, avisado por Arévalo de Suazo de lo sucedido en Bentomiz envió con don Miguel de Moncada a continuar con don Juan su intento, y el peligro en que estaba toda aquella tierra, si no se ponía remedio con brevedad, sin esperar consulta del rey. Puso entretanto sus galeras en orden; armó y rehizo la infantería que serían en diez banderas mil soldados viejos y quinientos de galera; juntó y armó de Málaga, Vélez y Antequera, por medio de Arévalo de Suazo y Pedro Verdugo, tres mil infantes. Volvió don Miguel con la comisión de don Juan, y partió el Comendador mayor a combatir los enemigos. Llegado a Torrox, envió a don Martín de Padilla, hijo del Adelantado de Castilla, con alguna infantería suelta para reconocer el fuerte de Frexiliana, y volvió trayendo consigo algún ganado. Púsose al pie de la montaña; y después de haber reconocido de más cerca, diola frente a don Pedro de Padilla con parte de sus banderas y otras, hasta mil infantes, y mandole subir derecho. A don Juan de Cárdenas, hijo del conde de Miranda, mandó subir con cuatrocientos aventureros y otra gente práctica de las banderas de Italia por la parte de la mar, y por la otra a don Martín de Padilla con trescientos soldados de galera y algunos de Málaga y Vélez; los demás, que acometiesen por las espaldas del fuerte, donde parece que la subida estaba más áspera, y por esto menos guardada, y éstos mandó que llevase Arévalo de Suazo con alguna caballería por guarda de la ladera y del agua. Mas don Pedro, aunque de su niñez criado a las armas y modestia del emperador, soldado suyo en las guerras de Flandes, despreciando con palabras la orden del Comendador mayor, la cual era que los unos esperasen a los otros hasta estar igualados (porque parte de ellos iban por rodeos), y entonces arremetiesen a un tiempo; arremetió sin él, y llegó primero por el camino derecho.

Los enemigos estuvieron a la defensa como gente plática, y juntos resistieron con más daño de los nuestros que suyo; pero al fin dado lugar a que nuestros armados se pegasen con el fuerte, y comenzasen con las picas a desviarlos y a derribar las piedras dél, y los arcabuceros a quitar traveses, estuvieron firmes hasta que salió un turco de galera enviado por el Comendador mayor a reconocer dentro, con promesa de la libertad. Este dio aviso de la dificultad que había por la parte que eran acometidos, y cuanto más fácil sería la entrada al lado y espaldas. Partió la gente, y combatiolos por donde el turco decía: lo mismo hicieron los enemigos para resistir, pero con mucho daño de los nuestros, que eran heridos y muertos de su arcabucería, al prolongarse por el reparo. Todavía, partidas las fuerzas con esto, aflojaron los que estaban ala frente, y don Juan de Cárdenas tuvo tiempo de llegar, lo mismo la gente de Málaga y Vélez, que iba por las espaldas. Mas los moros viéndose por una y otra parte apretados, salieron por la del maestral que estaba más áspera y desocupada, como dos mil personas, y entre ellos mil hombres los más sueltos y pláticos de la tierra: fue porfiado por ambas partes el combate hasta venir a las espadas, de que los moros se aprovechan menos que nosotros, por tener las suyas un filo, y no herir ellos de punta. Con la salida déstos y sus capitanes tuvieron los nuestros menos resistencia; entraron por fuerza por la parte más difícil y no tan guardada que tocó a Arévalo de Suazo, donde él fue buen caballero y buena la gente de Málaga y Vélez; pero no entraron con tanta furia, que no diesen lugar a los que combatían de don Pedro de Padilla y a los demás para que también entrasen al mismo tiempo. Murieron de los enemigos dentro del fuerte quinientos hombres, la mayor parte viejos; mujeres y niños cuasi mil y trescientos con el ímpetu y enojo de la entrada y después de salidos en el alcance, y heridos otros cerca de quinientos. Cautiváronse cuasi dos mil personas: los capitanes Garral y el Melilu, general de todos, con la gente que salió, vinieron destrozados a Valor, donde Aben Humeya los recogió, y mandó dende a pocos días tornar al mismo Frexiliana. Mas el Melilu, rico y de ánimo, hizo ahorcar a Chacón que trataba con los cristianos, por una carta de su mujer que le hallaron, en que le persuadía a dejar la guerra y concertarse. Dícese que en el fuerte los viejos de concierto se ofrecieron a la muerte, porque los mozos se saliesen en el entre tanto; al revés de lo que suele acontecer y de la orden que guarda naturaleza, como quier que los mozos sean animosos para ejecutar y defender a los que mandan, y los viejos para mandar, y naturalmente más flacos de ánimo que cuando eran mozos. De los nuestros fueron heridos más de seiscientos, y entre ellos de saeta don Juan de Cárdenas, que fue aquel día buen caballero. Entre otros murieron peleando don Pedro de Sandoval, sobrino del obispo de Osma, y pasados de trescientos soldados, parte aquel día, y parte de heridas en Málaga, donde los mandó el comendador mayor, y vender y repartir la presa entre todos, a cada uno según le tocaba, repartiéndoles también el quinto del rey.

Es el vender las presas y dar las partes costumbre de España, y el quinto, derecho antiguo de los reyes dende el primer rey don Pelayo, cuando eran pocas las facultades para su mantenimiento; agora, porque son grandes, llévanlo por reconocimiento y señorío; mas el hacer los reyes merced dél en común y por señal de premio a los que pelean, es causa de mayor ánimo; como, por el contrario, a cada uno lo que ganare y a todos el quinto generalmente cuando vienen a la guerra, ocasión para que todos vengan a servir en las empresas con mayor voluntad. Pero ésta se trueca en codicia, y cada uno tiene por tan proprio lo que gana, que deja por guardallo, el oficio de soldado, de que nacen grandes inconvenientes en ánimos bajos y poco pláticos; que unos huyen con la presa, otros se dejan matar sobre ella de los enemigos, impedidos y enflaquecidos; otros desamparadas las banderas, vuelven a sus tierras con la ganancia. Viénense por este camino a deshacer los ejércitos hechos de gente natural, que campean dentro en casa: el ejemplo se ve en Italia entre los naturales, como se ha visto en esta guerra dentro en España.

El buen suceso de Frexiliana sosegó la tierra de Málaga y la de Ronda por entonces: el Comendador mayor se dio a guardar la costa, a proveer con las galeras los lugares de la marina; mas en tierra de Granada, el mal tratamiento que los soldados y vecinos hacían a los moriscos de la Vega, la carga de alojamientos, contribuciones y composiciones, la resolución que se tomó de destruir las Albuñuelas flacamente ejecutada; dio ocasión a que muchos pueblos que estaban sobresanados, se declarasen y subiesen a la sierra con sus familias y ropa. Entre éstos fue el río de Boloduí a la parte de Guadix, y a la de Granada Güéjar, que en su calidad no dio poco desasosiego. La gente della recogiendo su ropa y dineros, llevando la vitualla, y dejando escondida la que no pudieron, con los que quisieron seguillos, se alzaron en la montaña, cuasi sin habitación por la aspereza, nieve y frío. Quiso don Juan reconocer el sitio del lugar llevando a Luis Quijada y al duque de Sesa: tratose si lo debía mantener o dejar; no pareció por entonces necesario para la seguridad de Granada mantenerle y fortificarle como flaco y de poca importancia; pero la necesidad mostró lo contrario, y en fin se dejó; o porque no bastase la gente que en la ciudad había de sueldo a asegurar a Granada todo a un tiempo y socorrer en una necesidad a Güéjar como la razón lo requería; o que no cayesen en que los enemigos se atreverían a fundar guarnición en ella tan cerca de nosotros; o, como dice el pueblo (que escudriña las intenciones sin perdonar sospecha, con razón o sin ella), por criar la guerra entre las manos; celosos del favor en que estaba el marqués de Vélez, y hartos de la ociosidad propria y ambiciosos de ocuparse, aunque con gasto de gente y hacienda: decíase que fuera necesario sacar un presidio razonable a Güéjar, como después se hizo lejos de Granada para mantener los lugares de en medio: cada uno sin examinar causas ni posibilidad, se hacía juez de sus superiores.

Mas el rey, viendo que su hermano estaba ocupado en defender a Granada y su tierra, y que teniendo la masa de todo el gobierno era necesario un capitán que fuese dueño de la ejecución; nombró por general de toda la empresa al marqués de Vélez, que entonces estaba en gran favor, por haber salido a servir a su costa. Sucediole dichosamente tener a su cargo ya la mitad del reino, calor de amigos, y deudos; cosas que cuando caen sobre fundamento, inclinan mucho los reyes. A esto se juntó haberse ofrecido por sus cartas a echar a Aben Humeya el tirano, que así se llamaba, y acabar la guerra del reino de Granada con cinco milhombres y trescientos caballos pagados y mantenidos, que fue la causa más principal de encomendalle el negocio. A muchos cuerdos parece, que ninguno debe de cargar sobre sí obligación determinada, que el cumplilla o el estorbo della esté en mano de otro. Fue la elección del marqués (a lo que el pueblo de Granada juzgaba y algunos colegían de las palabras y continente), harto contra voluntad de los que estaban cerca de don Juan, pareciéndoles que quitaba el rey a cada uno de las manos la honra desta empresa.

Habían crecido las fuerzas de Aben Humeya, y venídole número de turcos y capitanes plácticos, según su manera de guerra; moros berberíes, armas, parte traídas, parte tomadas a los nuestros, vituallas en abundancia, la gente más y más pláctica de la guerra. Estaba el rey con cuidado de que la gente y las provisiones se hacían de espacio; y pareciéndole que llegarse él más al reino de Granada, sería gran parte para que las ciudades y señores de España se moviesen con mayor calor y ayudasen con más gente y más presto, y que con el nombre y autoridad de su venida los príncipes de Berbería andarían retenidos en dar socorro, ciertos que la guerra se había de tomar con mayores fuerzas, acabada, con todas ellas cargar sobre sus estados, mandó llamar cortes en Córdoba para día señalado, adonde se comenzaron a juntar procuradores de las ciudades y hacer los aposentos.

Salió el marqués de Vélez de Terque por estorbar el socorro que los moros de Berbería continuamente traían de gente, armas, y vitualla, y los de la Alpujarra recebían por la parte de Almería. Vino a Berja (que antiguamente tenía el mismo nombre), donde quiso esperar la gente pagada y la que daban los lugares de la Andalucía. Mas Aben Humeya entendiendo que estaba el marqués con poca gente y descuidado, resolvió combatille antes que juntase el campo. Dicen los moros haber tenido plática con algunos esclavos, que escondiesen los frenos de los caballos, pero esto no se entendió entre nosotros; y porque los moros como gente de pie y sin picas, recelaban la caballería, quiso combatille dentro del lugar antes del día. Llamó la gente del río de Almería, la del Boloduí, la de la Alpujarra, los que quisieron venir del río de Almanzora, cuatrocientos turcos y berberíes: eran por todos cuasi tres mil arcabuceros y ballesteros, y dos mil con armas enhastadas. Echó delante un capitán, que le servía de secretario, llamado Mojajar, que con trescientos arcabuceros entrase derecho a las casas donde el marqués posaba, diese en la centinela (lo que ahora llamamos centinela, amigos de vocablos extranjeros, llamaban nuestros españoles en la noche escucha, en el día atalaya: nombres harto más proprios para su oficio), llegando con ella a un tiempo el arma y ellos, en el cuerpo de guardia: siguiole otra gente, y él quedó en la retaguardia sobre un macho, y vestido de grana. Mas el marqués que estaba avisado por una lengua que los nuestros le trujeron, atravesó algunas calles que daban en la plaza, puso la arcabucería a las puertas y ventanas, tomó las salidas dejando libres las entradas por donde entendió que los enemigos vendrían, y mandó estar apercebida la caballería y con ella su hijo don Diego Fajardo; abrió camino para salir fuera, y con esta orden esperó a los enemigos. Entró Mojajar por la calle que va derecha a dar a la plaza, al principio con furia; después, espantado y recatado de hallar la villa sin guardia, olió humo de cuerdas, y antes que se recatase, sintió de una y otra parte jugar y hacerle daño la arcabucería; mas queriendo

94

resistir la gente con alguna otra que le había seguido, no pudo; saliose con pocos y desordenadamente al campo. El marqués, con la caballería y alguna arcabucería, a un tiempo saltó fuera con don Diego, su hijo, don Juan, su hermano, don Bernardino de Mendoza, hijo del conde de Coruña, don Diego de Leiva, hijo natural del señor Antonio de Leiva, y otros caballeros; dio en los que se retiraban y en la gente que estaba para hacelles espaldas; rompiolos otra vez; pero aunque la tierra fuese llana, impedida la caballería de las matas y de la arcabucería de los turcos y moros, que se retiraban con orden, no pudo acabar de deshacer los enemigos. Murieron de ellos cuasi seiscientos hombres: Aben Humeya tornó la gente rota a la sierra, y el marqués a Berja. El rey dio noticia, pero a don Juan poca y tarde; hombre preciado de las manos más que de la escritura, o que quería darlo a entender, siendo enseñado en letras y estudioso. Comenzó don Juan con orden del rey a reforzar el campo del marqués; antes a formallo de nuevo: puso con dos mil hombres a don Rodrigo de Benavides en la guarda de Guadix; a Francisco de Molina envió con cinco banderas a la de Órgiba; mandó pasar a don Juan de Mendoza con cuasi cuatro mil infantes y ciento y cincuenta caballos adonde el marqués estaba; y el Comendador mayor, que tomando las banderas de don Pedro de Padilla (rehechas ya del daño que recibieron en Frexiliana), las pusiese en Adra, donde el marqués vino a Berja a hacer la masa. Llegó don Sancho de Leiva a un mismo tiempo con mil y quinientos catalanes de los que llaman delados, que por las montañas andan huidos de las justicias, condenados y haciendo delitos, que por ser perdonados vinieron los más de ellos a servir en esta guerra: era su cabeza Antic Sarriera, caballero catalán; las armas, sendos arcabuces largos, y dos pistoletes de que se saben aprovechar. Llegó Lorenzo Téllez de Silva, marqués de la Favara, caballero portugués, con setecientos soldados, la mayor parte hechos en Granada y a su costa; atravesó sin daño por el Alpujarra entre las fuerzas de los enemigos; y por tenerlos ocupados en el entretanto que se juntaba el ejército, y las guarniciones de Tablate, Dúrcal y el Padul seguras (a quien amenazaban los moros del valle y los que habían tornado a las Albuñuelas); por impedir asimismo que éstos no se juntasen con los que estaban en la sierra de Güéjar y con otros de la Alpujarra; por estorbar también el desasosiego en que ponían a Granada con correrías de poca gente, y por quitalles la cogida de los panes del valle; mandó don Juan que don Antonio de Luna con mil infantes y doscientos caballos fuese a hacer este efecto, quemando y destruyendo a Restaval, Pinillos, Melejix, Concha, y, como dije, el Valle hasta las Albuñelas. Partió con la misma orden y a la misma hora, que cuando fue a quemallas la vez pasada, pero con desigual fortuna; porque llegando tarde, halló los moros levantados por el campo y en sus labores con las armas en la mano: tuvieron tiempo para alzar sus mujeres, hijos, y ganados, y ellos juntarse, llevando por capitanes a Rendati, hombre señalado, y a Lope, el de las Albuñuelas, ayudados con el sitio de la tierra barrancosa. Acometieron la gente de don Antonio, ocupada en quemar y robar; que pudo con dificultad, aunque con poca pérdida, resistir y recogerse, siguiéndole y combatiéndole por el valle abajo, malo para la caballería. Mas don Antonio, ayudándole don García Manrique, hijo del marqués de Aguilar y Lázaro de Heredia, capitán de infantería, haciendo a veces de la vanguardia retaguardia, a veces, por el contrario, tomando algunos pasos con la arcabucería; se fue retirando hasta salir alo raso, que los enemigos con temor de la caballería le dejaron. Murió en esta refriega, apartado de don Antonio, el capitán Céspedes a manos de Rendati con veinte soldados de su compañía peleando, sesenta huyendo; los demás se salvaron a Tablate donde estaba de guardia. No fue socorrido por estar ocupada la infantería quemando y robando sin podellos mandar don Antonio. Tampoco llegó don García (a quien envió con cuarenta caballos), por ser lejos y áspera la montaña, los enemigos muchos. Pero el vulgo ignorante, y mostrado a juzgar a tiento, no dejaba de culpar aluno y al otro; que con mostrar don Antonio la caballería de lo alto en las eras del lugar, los enemigos fueran retenidos o se retiraran; que don García pudiera llegar más a tiempo y Céspedes recogerse a ciertos edificios viejos, que tenía cerca; que don Antonio le tenía mala voluntad dende antes, y que entonces había salido sin orden suya de Tablate, habiéndole mandado que no saliese. A mí, que sé la tierra, paréceme imposible ser recorrido con tiempo, aunque los soldados quisieran mandarse, ni hubiera enemigos en medio y a las espaldas. Tal fue la muerte de Céspedes, caballero natural de Ciudad Real, que había traído la gente a su costa, cuyas fuerzas fueron excesivas y nombradas por toda España; acompañolas hasta la fin con ánimo, estatura, voz y armas descomunales. Volvió don Antonio con haber quemado alguna vitualla, trayendo presa de ganado a Granada, donde menudeaban los rebatos; las cabezas de la milicia corrían a una y otra parte, más armados que ciertos donde hallar los enemigos; los cuales dando armas por un cabo, llevaban de otro los ganados. Había don Juan ya proveído que don Luis de Córdoba con doscientos caballos y alguna infantería recogiese a Granada y a la Vega los de la tierra; comisión de poco más fruto, que de aprovechar a los que los hurtaron; porque no se pudiendo mantener, fue necesario volvellos a sus lugares faltos de la mitad, donde fueron comunes a nosotros y a los enemigos.

Hallábase entre tanto el marqués de Vélez en Adra (lugar antiguamente edificado cerca de donde ahora es, que llamaban Abdera), con cuasi doce mil infantes y setecientos caballos: gente armada, pláctica, y que ninguna empresa rehusara por difícil, extendida su reputación por España con el suceso de Berja, su persona subida en mayor crédito. Venían muchos particulares a buscar la guerra, acrecentando el número y calidad del ejército; pero la esterilidad del año, la falta de dinero, la pobreza de los que en Málaga fabricaban bizcocho, y la poca gana de fabricarlo por las continuas y escrupulosas reformaciones antes de la guerra, la falta de recuas por la carestía, la de vivanderos que suelen entretener los ejércitos con refrescos, y con estolas resacas de la mar, que en Málaga estorban a veces el cargar, y las mismas el descargar en Adra, fue causa que las galeras no proveyesen de tanto bastimento y tan a la continua. Era algunas veces mantenido el campo de solo pescado, que en aquella costa suele ser ordinario; cesaban las ganancias de los soldados con la ociosidad; faltaban las esperanzas a los que venían cebados dellas; deteníanse las pagas; comenzó la gente de descontentarse a tomar libertad y hablar como suelen en sus cabezas. El General, hombre entrado en edad, y por esto más en cólera, mostrado a ser respetado y aun temido, cualquiera cosa le ofendía: diose a olvidar a unos, tener poca cuenta con otros, tratar a otros con aspereza; oía palabras sin respeto, y oíanlas dél. Un campo grueso, armado, lleno de gente particular, que bastaba a la empresa de Berbería, comenzó a entorpecerse nadando y comiendo pescados frescos, no seguir los enemigos habiéndolos rompido; no conocer el favor de la victoria; dejarlos engrosar, afirmar, romper los pasos, armarse, proveerse, criar guerra en las puertas de España. Fue el marqués juntamente avisado y requerido de personas que veían el daño, y temían el inconveniente, que con la vitualla bastante para ocho días saliese en busca de Aben Humeya. Por estos términos comenzó a ser malquisto del común, y de allí a pegarse la mala voluntad en los principales, aborrecerse él de todos y de todo y todos dél.

Al contrario de lo que al marqués de Mondéjar aconteció; que de los principales vino a pegarse en el pueblo; pero con más paciencia y modestia suya, dicen que con igual arrogancia. Yo no vi el proceder del uno ni del otro; pero a mi opinión ambos fueron culpados sin haber hecho errores en su oficio, y fuera dél, con poca causa y esa común en algunos otros generales de mayores ejércitos. Y tornando a lo presente nunca el marqués de Vélez se halló tan proveído de vitualla, que le sobrase en el comer ordinario de cada día para llevar consigo cuantidad, que pudiese gastar a la larga; pero vista la falta della, la poca seguridad que se tenía de la mar, pareciéndole que de Granada y el Andalucía, Guadix y marquesado de Cenete, y de allí por los puertos de la Ravaha y Loh que atraviesan la sierra hasta la Alpujarra, podía ser proveído; escribió a don Juan (aunque lo solía hacer pocas veces), que lo mandase tener hecha la provisión en la Calahorra, porque con ella y la que viniese por mar, se pudiese mantener el ejército en la Alpujarra y echar della los enemigos.

El Comendador mayor según el poco aparejo, ninguna diligencia posible dejaba de hacer aunque fuese con peligro, hasta que tuvo en Adra puesta vitualla de respeto por tanto tiempo, que ayudado el marqués con alguna de otra parte (aunque fuese habida de los enemigos), podía guerrear sin hambre, y esperar la de Guadix; mas viendo que el marqués, incierto de la provisión que hallaría en la Calahorra, se detenía, dábale prisa en público y requeríale en consejo que saliese contra los enemigos. Mas dando el marqués razones por donde no convenía salir tan presto, dicen que pasó tan adelante, que en presencia de personas graves y en un consejo, le dijo que no lo haciendo, tomaría él la gente y saldría con ella en campo.

En Granada ninguna diligencia se hizo para proveer al marqués, porque pues no replicaba, tuvieron creído que no tenía necesidad, y que estaba proveído bastantemente en Adra, de donde era el camino más cauto y seguro: tenían por dificultoso el de la Calahorra; los enemigos muchos, las recuas pocas, la tierra muy áspera, de la cual decían que el marqués era poco pláctico. Mas el pueblo, acostumbrado ya a hacerse juez, culpábale de mal sufrido en palabras y obras igualmente, con la gente particular y común; a sus oficiales de liberales en distribuir lo voluntario, y en lo necesario estrechos; detenerse en Adra buscando causas para criar la guerra, tenido en otras cosas por diligente; escribíanse cartas, que no faltaba adonde cayesen a tiempo; disminuíase por horas la gracia de los sucesos pasados; decían que de ello no pesaba a don Juan, ni a los que le estaban cerca: era su parcial solo el presidente, pero ése algunas veces, o no era llamado, o le excluían de los consejos a horas y lugares, aunque tenía plática de las cosas del reino y alteraciones pasadas. Pasó este apuntamiento hasta ser avisado el Consejo por cartas de personas y ministros importantes (según el pueblo decía), y aun reprendido, que parecía desautoridad y poca confianza, no llamar un hombre grave de experiencia y dignidad. Pero no era de maravillar que el vulgo hiciese semejantes juicios; pues por otra parte se atrevía a escudriñar lo intrínseco de las cosas, y examinar las intenciones del Consejo.

Decían que el duque de Sesa y el marqués de Vélez eran amigos, más por voluntad suya que del duque; no embargante, que fuesen tío y sobrino. El marqués de Mondéjar y el duque, émulos de padres y abuelos sobre la vivienda de Granada, aunque en público profesasen amistad; antigua la enemistad entre los marqueses y sus padres, renovada por causas y preeminencias de cargos y jurisdicciones; lo mismo el de Mondéjar y el presidente, hasta ser maldicientes en procesos el uno contra el otro. Luis Quijada, envidioso del de Vélez, ofendido del de Mondéjar porque siendo conde de Tendilla, no quiso consentir al marqués su padre que le diese por mujer una hija que le pidió con instancia; amigo intrínseco de Eraso, y de otros enemigos de la casa del marqués. El duque de Feria, enemigo atrevido de lengua y por escrito del marqués de Mondéjar; ambos dende el tiempo de don Bernardino de Mendoza, cuya autoridad después de muerto los ofendía. El duque de Sesa y Luis Quijada a veces tan conformes, cuanto bastaba para excluir los marqueses, ya veces sobresanados por la pretensión de las empresas, hablábanse bien, pero huraños y recatados, y todos sospechosos a la redonda. Entreteníase Muñatones mostrado a sufrir y disimular, culpando las faltas de proveedores y aprovechamientos de capitanes, lo uno y lo otro sin remedio. Don Juan, como no era suyo, contentábale cualquiera sombra de libertad;

atado a sus comisiones, sin nombramiento de oficiales, sin distribución de dinero, armas y municiones y vituallas, si las libranzas no venían pasadas de Luis Quijada; que en esto y en otras cosas no dejaba con algunas muestras de arrogancia de dar a entender lo que podía, aunque fuese con quiebra de la autoridad de don Juan; que entendía todos estos movimientos, pero sufríalos con más paciencia que disimulación: solamente le parecía desautoridad que el marqués de Mondéjar o el Conde su hijo usasen sus oficios, aunque no estaban excluidos ni suspendidos por el rey. Tampoco dejaron de sonarse cosquillas de mozos y otros, que las acrecentaban entre el Conde y ellos: tal era la apariencia del Gobierno. Pero no por eso se dejaba de pensar y poner en ejecución lo que parecía mejor al beneficio público y servicio del rey; porque los ministros y consejeros no entran con las enemistades y descontentamientos al lugar donde se juntan, y aunque tengan diferencia de pareceres, cada uno encamina el suyo a lo que conviene; pero los escriptores como no deben aprobar semejantes juicios, tampoco los deben callar cuando escriben con fin de fundar en la historia ejemplos por donde los hombres huyan lo malo y sigan lo bueno.

Dende los 10 de junio a los 27 de julio (1569) estuvo el marqués de Vélez en Adra sin hacer efecto; hasta que entendiendo que Aben Humeya se rehacía, partió con diez mil infantes y setecientos caballos, gente, como dije, ejercitada y armada, pero ya descontenta: llevó vitualla para ocho días; el principio de su salida fue con alguna desorden. Mandó repartir la vanguardia, retaguardia y batalla por tercios; que la vanguardia llevase el primer día don Juan de Mendoza, el segundo don Pedro de Padilla; y habiendo ordenado el número de bagajes que debía llevar cada tercio, fue informado que don Juan llevaba más número de ellos; y puesto que fuesen de los soldados particulares, ganados y mantenidos para su comodidad, y aunque iban para no volver a Adra, mandó tornar don Juan al alojamiento con la vanguardia, pudiéndole enviar a contar los embarazos y reformarlos; cosa no acontecida en la guerra sin grande y peligrosa ocasión; con que dio a los enemigos ganado tiempo de dos días, y a nosotros perdido. Salió el día siguiente con haber hallado poco o ningún yerro que reformar; llevó la misma orden, añadiendo, que la batalla fuese tan pegada con la vanguardia, y la retaguardia con la batalla, que donde la una levantase los pies, los pusiese la otra, guardando el lugar a los impedimentos; la caballería a un lado y a otro; su persona en la batalla, porque los enemigos no tuviesen espacio de entrar. Vino a Berja, y de allí fue por el llano que dicen de Lucainena, donde al cabo dél vieron algunos enemigos con quien se escaramuzó sin daño de las partes; mostrando Aben Humeya su vanguardia, en que había tres mil arcabuceros, pocos ballesteros; pero incontinente subió a la sierra: la nuestra alojó en el llano, y el marqués en Ujíjar donde se detuvo un día, y más el que caminó: dilación contra opinión de los pláticos, y que dio espacio a los enemigos de alzar sus mujeres, hijos, y ropa; esconder, y quemar la vitualla, todo a vista y media legua de nuestro campo. El día siguiente salió del alojamiento: los enemigos mostrándose en ala, como es su costumbre, y dando grita, acometieron a don Pedro de Padilla, a quien aquel día tocaba la vanguardia, con determinación, a lo que se veía, de dar batalla. Eran seis mil hombres entre arcabuceros y ballesteros, algunos con armas enhastadas; víase andar entre ellos cruzando Aben Humeya, bien conocido, vestido de colorado, con su estandarte delante; traía consigo los alcaides y capitanes moriscos y turcos que eran de nombre. Salió a ellos don Pedro con sus banderas y con los aventureros que llevaba el marqués de la Favara, y resistiendo su ímpetu, los hizo retirar cuasi todos; pero fueron poco seguidos, porque al marqués de Vélez pareció que bastaba resistillos, ganalles el alojamiento y esparcillos. Retiráronse a lo áspero de la montaña con pérdida de solos quince hombres: fue aquel día buen caballero el marqués de la Favara, que apartado con algunos particulares que le siguieron, se adelantó, peleó, y siguió los enemigos: lo mismo hizo don Diego Fajardo con otros. Aben Humeya, apretado, huyó con ocho caballos a la montaña, y dejarretándolos, se salvó a pie; el resto de su gente se repartió sin más pelear por toda ella: hombres de paso, resolutos a tentar y no hacer jornada; cebados con esperanzas de ser por horas socorridos o de gente para resistir, o de navíos para pasar en Berbería; y esta flaqueza los trujo a perdición. Contentose el marqués con rompellos, ganalles el alojamiento y esparcillos; teniendo que bastaba, sin seguir el alcance, para sacallos de la Alpujarra, o que esperase mayor desorden, o que le pareciese que se aventuraba en dar la batalla el reino de Granada, y que para el nombre bastaba lo hecho: hallose tan cerca del camino, que con doscientos caballos acordó pasar aquella noche a reconocer la vitualla a la Calahorra, donde no hallando qué comer, volvió otro día al campo, que estaba alojado en Valor el alto y bajo. Detúvose en estos dos lugares diez días, comiendo la vitualla que trajo y alguna que se halló de los enemigos sin hacer efecto, esperando la provisión que de Granada se había de enviar a la Calahorra, y teniendo por incierta y poca la de Adra; y aunque los ministros a quien tocaba, afirmasen que las galeras habían traído en abundancia, resolvió mudarse a la Calahorra, fortaleza y casa de los marqueses de Cenete, patrimonio del conde Julián en tiempo de godos, que en el de moros tuvieron los Cenetes venidos de Berbería, una de las cinco generaciones descendientes de los alárabes que poblaron y conquistaron a África. Tuvo el marqués por mejor consejo dejar a los enemigos la mar y la montaña, que seguillos por tierra áspera y sin vitualla, con gente cansada, descontenta y hambrienta, y asegurar tierra de Guadix, Baza, río de Almanzora, Filabres, que andaba por levantarse y allanar el río de Boloduí, que ya estaba levantado, comer la vitualla de Guadix y el marquesado.

Mas la gente, con la ociosidad, hambre y descomodidad de aposentos, comenzó a adolecer y morir. Ningún animal hay más delicado que un campo junto, aunque cada hombre por sí sea recio y sufridor de trabajo; cualquier mudanza de aires, de aguas, de mantenimientos, de vinos; cualquier frío, lluvia, falta de limpieza, de sueño, de camas, le adolece y deshace; y al fin todas las enfermedades le son contagiosas. Andaban corrillos, quejas, libertad, derramamientos de soldados por unas y otras partes, que escogían por mejor venir en manos de los enemigos: íbanse cuasi por compañías sin orden ni respeto de capitanes. Como el paradero de estos descontentamientos o es amotinarse, o un desarrancarse pocos a pocos, vino a suceder así, hasta quedar las banderas sin hombres; y tan adelante pasó la desorden, que se juntaron cuatrocientos arcabuceros, y con las mechas en las serpentinas salieron a vista del campo: fue don Diego Fajardo, hijo del marqués, por detenerlos, a quien dieron por respuesta un arcabuzazo en la mano y el costado, de que peligró y quedó manco. La mayor parte de la gente que el marqués envió con él, se juntó con ellos y fueron de compañía: tanto en tan breve tiempo había crecido el odio y desacato.

En fin, llegado y alojado en el lugar, temiendo de su persona, pasó a posar en la fortaleza; la gente se aposentó en el campo, comiendo a libra escasa de pan por soldado, sin otra vianda; pero dende a pocos días dos libras por día, y una de carne de cabra por semana, los días de pescado algún ajo y una cebolla por hombre, que esto tenían por abundancia: sufrieron mucho las banderas de Nápoles con el nombre de soldados viejos y la gente particular; quedaron en pie cuasi solas estas compañías y doscientos caballos. Tal fue el suceso de aquella jornada, en que los enemigos vencidos quedaron con la mar y tierra, mayores fuerzas y reputación, y los vencedores sin ella, faltos de lo uno y de lo otro.

En el mismo tiempo los vecinos del Padul, a tres leguas de Granada, se quejaban que habían tenido y mantenido mucho tiempo gruesa guarnición, que no podían sufrir el trabajo, ni mantener los hombres y caballos. Pidieron que o se mudase la guardia o se disminuyese, o los llevasen a ellos a vivir en otro lugar. Vínose en esto, y salidos ellos, la siguiente noche, juntándose con los moros de la sierra, dieron en la guarnición, mataron treinta soldados y hirieron muchos acogiéndose a lo áspero: cuando el socorro de Granada llegó, halló hecho el daño y a ellos en salvo.

La desorden del campo del marqués puso cuidado a don Juan de proveer en lo que tocaba a tierra de Baza; porque la ciudad estaba sin más guardia que la de los vecinos. Envió a don Antonio de Luna con mil infantes y doscientos caballos, que estuvo dende medio agosto hasta medio noviembre sin acontecer novedad o cosa señalada, más del aprovechamiento de los soldados, mostrados a hacer presas contra amigos y enemigos. Puso en su lugar a don García Manrique a la guardia de la Vega, sin nombre o título de oficio. Viose una vez con los enemigos, matándoles alguna gente sin daño de la suya.

Entre tanto no cesaban las envidias y pláticas contra los marqueses, especialmente las antiguas contra el de Mondéjar; porque aunque sus compañeros en la suficiencia fuesen iguales, viose que en el conocimiento de la tierra y de la gente donde y con quien había hecho la vida, y en las provisiones, por el luengo uso de proveer armadas, era su parecer más aprobado que apacible; pero siempre seguido, hasta que el marqués de Vélez subió en favor y vino a ser señor de las armas. Entonces dejaron al de Mondéjar, y tornaron a deshacer las cosas bien hechas del de Vélez. Mas cuando éste comenzó a faltar de la gracia particular y general, tornaron sobre el de Mondéjar; y que las armas de que estaba despojado tornasen a sus manos, claramente le excluían de los consejos, calumniaban sus pareceres, publicaban por una parte las resoluciones y por otra hacíanle autor del poco secreto; parecíales que en algún tiempo había de seguirse su opinión cuanto al recibir los moriscos y después oprimillos, que cesarían las armas y por esto la necesidad de las personas por quien eran tratadas.

Estaban nuestras compañías tan llenas de moros aljamiados, que donde quiera se mantenían espías: las mujeres, los niños esclavos, los mismos cristianos viejos daban avisos, vendían sus armas y munición, calzado, paño, y vituallas a los moros. El rey por una parte informado de la dificultad de la empresa, por otra dando crédito a los que la facilitaban, vistos los gastos que se hacían, y pareciéndole que el marqués de Mondéjar, émulo del de Vélez y de otros, aunque no daba ocasión a quejas, daba avilanteza a que se descargasen de culpas, diciendo que por tener él mano en los negocios eran ellos mal proveídos; y que la ciudad descontenta dél, y persuadida por el corregidor Juan Rodríguez de Villafuerte que era interesado, y del presidente que le hacía espaldas, de mejor gana contribuiría con dinero, gente y vitualla hallándose ausente que presente, que de ninguno podía informarse más clara y particularmente; enviole a mandar que con diligencia viniese a Madrid: algunos dicen que en conformidad de sus compañeros; el suceso mostró que la intención del rey era apartalle de los negocios. Mas porque se vea como los príncipes, pudiendo resolutamente mandar, quieren justificar sus voluntades con alguna honesta razón; he puesto las palabras de la carta:

«Marqués de Mondéjar, primo, nuestro capitán general del reino de Granada: Porque queremos tener relación del estado en que al presente están las cosas dese reino, y lo que converná proveer para el remedio, dellas, os encargamos que en recibiendo ésta os pongáis en camino, y vengáis luego a esta nuestra Corte para informarnos de lo que está dicho, como persona que tiene tanta noticia dellas; que en ello, y en que lo hagáis con toda la brevedad, nos ternemos por muy servido. Dada en Madrid, a 3 de setiembre de 1569».

Llegó el marqués y fue bien recibido del rey, y algunas veces le informó a solas; de los ministros fue tratado con más demonstración de cortesía que de contentamiento: nunca fue llamado en consejo, mostrando estar informados a la larga por otra vía. Muñatones plático de semejantes llamamientos, y falto de un ojo, dijo, como le mostraron la carta, «que le sacasen el otro, si el marqués tornaba de allá durante la guerra». Anduvo muchos días como suspendido y agraviado, cierto que siempre había seguido la voluntad del rey y de solo ella hecho caudal. Mas entre los reyes y sus ministros, la parte de los reyes es la más flaca: no embargante la información que el marqués dio, eran tantas y tan contrarias unas de otras las que se enviaban, que pareció juntar con ellas la de don Enrique Manrique, alcaide que fue del castillo de Milán, y habiéndolo él dejado, estaba descansando en su casa. Pasó por Granada entendiendo lo de allí; vino a do el marqués de Vélez estaba, y partió sin otra cosa de nuevo más de errores en guerra, cargos de unos ministros a otros, dados por vía de justificación, necesidad de cargar con mayores fuerzas, crecidas las de los enemigos con la disminución de las nuestras.

Pareció a los ministros la gente con que el marqués había ofrecido echar los enemigos de la tierra, poca, y la oferta menos pensada; pues con doblado número no se hizo mayor efeto, y no dejaron de deshacelle el buen suceso, con decir que los moros muertos habían sido menos de lo que se escribió. Pero el rey, tomando la parte del marqués respondió «que había sido importante desbaratar y partir los enemigos, aunque no con tanto daño de ellos como se dijo»; y esto más por reprimir alguna intención que se descubría contra el marqués, que por aladalle, como se vio dende a poco. Decía el marqués que la falta de vitualla había sido causa de haberse deshecho su campo; cargaba a don Juan, al consejo de Granada: quedó la suma de todo su campo en pocos más de mil y quinientos infantes y doscientos caballos; en fin, fue necesitado a recogerse dentro en el lugar, atrincherarse, y aun derribar casas, por parecerle el sitio grande. Mas dende a pocos días enviaron de Granada tanta provisión, que no habiendo a quien repartilla, ni buena orden, valían cien libras de pan un real.

No estaba Granada por esto más proveída de vitualla, ni se hacían los partidos della con mayor recatamiento, aunque el presidente remediaba parte del daño con industria; ni en lo que tocaba a la gente y pagas se guardaban las órdenes de don Juan, a quien tampoco perdonaba el pueblo de Granada, libre y atrevido en el hablar, pero en presencia de los superiores siervo y apocado, movido a creer y afirmar fácilmente sin diferencia lo verdadero y lo falso; publicar nuevas o perjudiciales o favorables, seguillas con pertinacia; ciudad nueva, cuerpo compuesto de pobladores de diversas partes, que fueron pobres y desacomodados en sus tierras, o movidos a venir a ésta por la ganancia; sobras de los que no quisieron quedar en sus casas, cuando los Reyes Católicos la mandaron poblar; como es en los lugares, que se habitan de nuevo. No se dice esto porque en Granada no haya también nobleza escogida por los mismos reyes cuando la república se fundó, venida de personas excelentes en letras, a quien su profesión hizo ricos, y los descendientes de unos y otros nobles de linaje o de ánimo y virtud, como en esta guerra lo mostraron no solamente ellos, pero el común; mas porque tales son las ciudades nuevas, hasta que, envejeciéndose la virtud y riqueza, la nobleza se funda. Discurrían las intenciones libres por todos, sin perdonar a ninguno, y las lenguas por los que osaban, y no sin causa; porque en guerra de mucha gente, de largo tiempo, varia de sucesos, nunca faltan casos que loar o condenar. Las compañías de Granada eran tan faltas y mal disciplinadas, que ni con ellas se podía estar dentro ni salir fuera; pero la mayor desorden fue que, habiendo mandado el rey castigar con rigor los soldados que se venían del marqués de Vélez, y procurando don Juan que se pusiese en ejecución, cansados los ministros de ejecutar y don Juan de mandar, visto lo poco que aprovechaba, se tomó expediente de callar; y por no quedar del todo sin gente, consentir que las compañías se hinchiesen de la que desamparaba las banderas del marqués, no sin alguna sombra de negligencia o voluntad; la cual fue causa de que viniese el campo a quedar deshecho, y los enemigos señores de mar y tierra, campeando Aben Humeya con siete mil hombres, quinientos turcos y berberíes, sesenta caballos, más para autoridad que necesidad.

Ya Jérgal, en el río de Almería, lugar del conde de la Puebla, se había levantado a instancia de Portocarrero, mayordomo suyo: o por la habilidad o por el barato ocupó la fortaleza con poca artillería y armas, y echando della al alcaide puso gente dentro; mas él dende a poco dio en las manos del conde de Tendilla, y fue atenazado en Granada. Estaba también levantado el valle y río de Boloduí, paso entre tierra de Guadix, Baza y la mar confinante con el Alpujarra. El marqués, por tener ocupada la gente, darle alguna ganancia, mantener la reputación de la guerra, determinó ir en persona sobre él, habiéndolo consultado con el rey, que le remitió la ida o a allí, o a tierra de Baza en caso que la gente no fuese tan poca, que no llegase a número de los cinco mil hombres. Llevando pues a don Juan de Mendoza sin gente, con la de don Pedro de Padilla, y parte de la que don Rodrigo de Benavides tenía en Guadix, alguna otra de amigos y allegados que seguían la guerra, doscientos y cincuenta caballos, partió a deshacer una masa de gente que entendió juntarse en Boloduí, temiendo que dañase tierra de Baza, y pusiesen a don Antonio de Luna en necesidad, y juntándose con ellos Aben Humeya, pasase el daño adelante. Partió de la Calahorra, vino a Fiñana, llevando la vanguardia don Pedro de Padilla con las banderas de Nápoles. Había nueve leguas de Fiñana al lugar donde los enemigos se recogían; mas no pudiendo caminar a pie los soldados tan gran trecho, fueron necesitados a quedar la noche cansados y mojados (porque el río se pasa muchas veces), a dos leguas de los enemigos; inconveniente que acontece a los que no miden el tiempo con la tierra, con la calidad y posibilidad de la gente. Los moros, apercebidos de la venida de los nuestros, dieron avisos con fuegos por toda la tierra, alzaron la ropa y personas que pudieron. Habíase adelantado con la caballería el marqués tomando consigo cuatrocientos arcabuceros a las ancas de los caballos y bagajes; mas cansados unos y otros, dejaron la mayor parte. Los enemigos aguardando ora a un paso del río, ora a otro, según veían que nuestra caballería se movía, ora haciendo alguna resistencia, se acogieron a la sierra. Dejaban muchos bagajes, mujeres y niños, en que los soldados se ocupasen; y viéndolos embarazados con el robo, sin espaldas de arcabucería, hicieron vuelta, cargando de manera, que los nuestros fueron necesitados a retirarse con pérdida, no sin alguna desorden, aunque todavía con mucho de la presa. Parte de la caballería se acogió fuera de tiempo, disculpándose que no se les hubiese dado la orden ni esperado la arcabucería que dejaban atrás. Pero el marqués, viendo que la retirada era por conservar el robo (causa, que puede con la gente más que otra), envió persona con veinte caballos y algunos arcabuceros, que con autoridad de justicia quitase a la caballería la presa, para que después se repartiese igualmente, llamando a la parte los soldados de don Pedro de Padilla que quedaron atrás. El Comisario, hallando alguna contradicción, compró tres esclavas: una de las cuales se ofreció a descubrille gran cantidad de ropa y dineros; mas ella, viéndose en la parte que deseaba, hizo señas, a que se juntaron muchos moros; mataron algunos caballos y todos los arcabuceros; salvose el Comisario a la parte contraria del marqués, corriendo hasta Almería, diez leguas de donde comenzó a salvarse, y todas por tierras de enemigos: quedaron los caballos con la presa, pero tan ocupados que fueron de poco provecho, y el marqués por esto tornó retirándose con orden (aunque cargándole los enemigos), hasta juntar consigo la gente de don Pedro. Dende allí vino a Fiñana con mucha parte de la cabalgada, y con igual daño de muertos y heridos. Mas entendiendo que los moros de la sierra de Baza y río de Almanzora andaban en cuadrillas, y desasosegaban la tierra, temiendo que llevasen tras sí los lugares de aquella provincia, y Filabres, donde tenía su estado, gruesos y fuertes, y que las fuerzas de don Antonio de Luna no serían bastantes a resistillos; partió en principio de invierno con mil infantes y doscientos y cincuenta caballos que tenía, para Baza. Pero don Antonio, hombre prevenido (dicen que con orden de don Juan), dejó la gente antes que llegase el marqués, y volvió a servir su cargo en Granada, o por haber oído que no se entendía blandamente con las cabezas de la gente; o porque tuvo por más a propósito de su autoridad ser mandado de don Juan, que entonces gastaba su tiempo en mantener a Granada a manera de sitiado, contra las correrías de los enemigos, descontento y ocioso igualmente, mas deseando y procurando comisión del rey para emplear su persona en cosa de mayor momento. Las cabezas de su gente con cualquier liviana ocasión no dejaban de mostrarse en todas partes de la ciudad, corriendo las calles armados (puestos que vacía de enemigos), inciertos a qué parte fuese el peligro, siguiendo esos pocos por las mismas pisadas que salían, sin haber atajado la tierra, hasta dejallos en salvo y recogidos a la montaña. Llaman atajar la tierra en lengua de hombres del campo, rodealla al anochecer y venir de día para ver por los rastros, qué gente de enemigos y por qué parte ha entrado o salido. Esta diligencia hacen todos los días personas ciertas de pie y de caballo, puestos en postas, que cercan a la redonda la comarca, y llámanlos atajadores, oficio de por sí y apartado del de los soldados; por qué no se hacía esta diligencia en tierra oscura y doblada, y en lugar que aunque grande, no era el circuito extendido, y eran los pasos ciertos, no pude entender la causa.

Aben Humeya, viéndose libre del marqués de Vélez, con los siete mil hombres que tenía se puso sobre Adra con ánimo de tomar el lugar, que pensaba estar desamparado; mas viendo que perdía el tiempo, pasó a Berja, y quísola batir con dos piezas; pero levantose de allí, corrió y estragó la tierra del marqués de Vélez, el lugar de las Cuevas, quemó los jardines, dañó los estanques, todo guardado con curiosidad de mucho. tiempo para recreación; acometiendo llegar a los Vélez en sierra de Filabres, tornó a Andarax, donde, como asegurado de la fortuna vivía ya con estado de rey, pero con arbitrio de tirano, señor de las haciendas y personas, tenido por manso engañaba con palabras blandas, mas para quien recatadamente le miraba, oscuras y suspensas, de mayor autoridad que crédito: codicia en lo hondo del pecho, rigor nunca descubierto sino cuando había ofendido, y entonces sosegado, como si hubiera hecho beneficio, quería gracias de ello. Contaba el dinero y los días a quien más familiar trataba con él, y algunos déstos, a que pensaba ofender, escogía por compañeros de sus consejos y conversación. Tal era Aben Humeya, y puesto que entre nosotros fuese tenido por inocente y llamado don Hernandillo de Valor, el oficio descubrió cuál es el hombre. Con todo esto duró algunos días que le hacían entender que era bienquisto, y él lo creía, ignorante de su condición; hasta que el vulgo comenzó a tratar de su manera, de su vida, de su gobierno, todo con libertad y desprecio, como riguroso y tenido en poco. Apartáronse de su servicio descontentas algunas cabezas, que tomaron avilanteza; en tierra de Granada, el Nacoz; en la de Baza, Maleque; en la de Almuñécar, Girón; en la de Vélez, Garral; en el río de Almería, Mojácar; en el de Almanzora, Aben Mequenun, que decían Portocarrero, hijo del que levantó a Jérgal; y al fin Farax, uno de los principales que fueron en hacelle rey. Cargábanle culpas, escarnecíanle, burlaban de su condición sus mismos consejeros; señales que por la mayor parte preceden a la destruición del tirano. Quejábanse los turcos, entre otros muchos, que habiendo dejado su tierra por venir a servile, no los ocupaba donde ganasen; descontentos y entretenidos con sueldos ordinarios. Mas él, espacioso, irresoluto hasta su daño, tanto dilató la respuesta que se enemistó con ellos, habiéndolos traído para su seguridad; y después proveyó fuera de tiempo. Traía en el ánimo quemar y destruir a Motril, lugar guardado con alguna ventaja de como solía; pero grande, abierto, llano, y a la marina.

Mas por descuidar los nuestros, acordó enviar fingidamente los turcos (para mandallos tornar), a las Albuñuelas, frontera de Granada, mostrando querer que fuesen regalados y mantenidos en el vicio y abundancia del Val de Lecrin, el uno de tres barrios fuertes, las espaldas a la sierra. Entre los amigos de quien más fiaba, era uno Abdalá Abenabó, de Mecina de Bombarón, primo suyo, y también de la sangre de Aben Humeya, alcaide de los alcaides, tenido por cuerdo y animoso, de buena palabra, comúnmente respetado, usado al campo, y entretenido más en criar ganado que en el vicio del lugar. A éste mandó ir por comisario general para que los alojase y mandase, y los capitanes estuviesen a su obediencia; diole orden que donde le tomase otro mandado suyo, tornase con ellos y la más gente que pudiese juntar, trayendo vitualla para seis días; que él avisaría del lugar donde debía ir. Partieron seiscientos hombres, cuatrocientos turcos y doscientos berberíes, en el mismo hábito, todos arcabuceros; eran sus capitanes a la sazón Hhusceni y Caravaji. Apenas llegaron a Cadiar, cuando Aben Humeya despachó un correo dando gran prisa que volviesen aquella noche a Ferreira. De aquí se tramó su muerte. Trataré de más lejos la verdadera causa della, por haberse publicado diferentemente.

El principio fue descontentamiento de los turcos, mostrados a mandar su rey en Berbería; temor que dél tenían sus amigos; poca seguridad de las personas y haciendas, sospechas que se entendía con nosotros. Y el tratado fue tal luego que le eligieron, que ninguno en su compañía tuviese morisca por amiga, sino por legítima mujer, y guardábase esto generalmente. Mas había entre las mujeres una viuda, mujer que fuera de Vicente de Rojas, pariente de Rojas, suegro de Aben Humeya: mujer igualmente hermosa y de linaje, buena gracia, buena razón en cualquier propósito, ataviada con más elegancia que honestidad, diestra en tocar un laúd, cantar, bailar a su manera y a la nuestra, amiga de recoger voluntades y conservallas. A ésta se llegó un primo suyo, como es costumbre entre parientes, después de muerto el marido en la guerra, de quien Aben Humeya se fiaba, llamado Diego Alguacil; vivían juntos, comunicábanse más que familiarmente; trataba él con Aben Humeya loando sus buenas partes y conversación, tanto que a desearla ver le inclinó; y contento della, por no ofender al amigo, disimulábalo; ausentábale con comisiones: pudo en fin más el apetito que el respeto; y mandó al primo que, no embargante que fuese casado con otra, la tomase por mujer; rehusándolo, trújola el rey como en depósito a su casa, y usó della por amiga. Avisó de ello la viuda a su primo mostrando descontentamiento, ofendida entre tantas mujeres de no ser tenida por una dellas; estar forzada, y holgar de verse fuera de sujeción, habiendo aparejo; que Aben Humeya, celoso dél y sospechoso de venganza, buscaba ocasión para matalle. Huyó Alguacil, y juntándose con una cuadrilla de mozos ofendidos por otras causas, andaba recatado sin entrar en Valor. Mas dende a pocos días supo de la misma como Aben Humeya enviaba los turcos a cierta empresa, yendo a juntarse con ellos por la ganancia; trújole a las manos el caso al mensajero, y sabiendo dél como iba a llamar los turcos, le mató; y tomándole las cartas usó de semejante ardid, que el conde Julián con los capitanes del rey don Rodrigo en Ceuta. No sabía escribir Aben Humeya, y firmar mal en arábigo; pero servíale de secretario y firmaba algunas veces por él un sobrino de Alguacil, que a la sazón se halló con su tío, él también agraviado. En lugar de la carta escribieron otra para Abenabó, en que le mandaba que tornando aquella noche con los turcos a Mecina, y juntándose con la gente de la tierra y cien hombres que llevaría consigo Diego Alguacil, los degollase con sus capitanes durmiendo y cansados; lo mismo hiciese de Alguacil, después de haberse valido dél. Envió con esta carta un hombre de confianza, midiendo el tiempo de manera que llegasen él y el mensajero a Cadiar cuasi a una misma hora. Dio el hombre la carta poco antes, y llegó Diego Alguacil, hallando confuso y maravillado a Abenabó: díjole, como traía la gente consigo; mas que no pensaba hallarse en tal crueldad, por ser personas que habían venido a favorecer su casta fiados dél, y ellos puesto la vida por sus haciendas, por su libertad y por sus vidas; cansados ya de servir a un hombre voluntario, ingrato, cruel, ¿qué podían esperar sino lo mismo? Bueno de palabras, mas de ánimo malo y perverso; que no había mujeres, no haciendas, no vidas con que hartar el apetito, la sed de dinero y sangre. Pasó Hhusceni capitán de los turcos (persona de crédito entre ellos, tenido por cuerdo, valiente y amigo del rey), antes que Abenabó le respondiese; quísole hablar alterado; y Abenabó, o porque el otro no le previniese, o con temor que le matasen los turcos, o con ambición y cebo del reino, mostró la carta a Caravaji y Hhusceni, en que hacía compañero suyo en la traición a Diego Alguacil y de los turcos en la muerte. Dicen que todo a un tiempo sacó el mesmo Alguacil una confición que suelen usar para salir de sí cuando han de pelear y a veces para emborracharse, hecha con apio y simiente de cáñamo, fuerte para dormir sueño pesado: ésta dijo que habían de dar a los capitanes y cabezas en la cena con el beber, sedientos y cansados del camino, a manera de la que llaman los alárabes alhaxix. Entendiendo el hecho, resolvieron entre sí de descomponer y matar a Aben Humeya, parte por asegurarse, parte por roballe, persuadiéndose que tenía gran tesoro, y hacer a Abenabó cabeza. Juntaron consigo la gente de Diego Alguacil, y con silencio caminaron hasta Andarax, donde Aben Humeya estaba: aseguraron la centinela como personas conocidas y que se sabía habellos enviado a llamar. Pasaron el cuerpo de guardia, entraron en la casa, que era en el barrio llamado Laujar; quebraron las puertas del aposento: halláronle desnudo, medio dormido, y vilmente entre el miedo y el sueño, y dos mujeres, embarazado dellas, especialmente de la viuda amiga de Diego Alguacil que se abrazó con él, fue preso en presencia de los que él trataba familiarmente, hombres bajos (que a tales tenía mayor inclinación y daba crédito), criados suyos, el Mejuar, Barzana, Deliar, Juan Cortés de Pliego y su escribano, que era del Deire, teniendo veinte y cuatro hombres dentro en casa, cuatrocientos de guardia, mil y seiscientos alojados en el lugar, no hizo resistencia: ninguno hubo que tomase las armas ni volviese de palabra por él. Mas como solo el que es rey puede mostrar a ser rey un hombre, así solo el que es hombre, puede mostrar a ser hombre un rey. Faltó maestro a Aben Humeya para lo uno y lo otro; porque ni supo proveer y mandar como rey ni resistir como hombre. Atáronle las manos con un almaizar; juntáronse Abenabó, los capitanes y Diego Alguacil delante de la mujer a tratar del delito y la pena, en su presencia; leyéronle y mostráronle la carta, que él, como inocente y maravillado, negó: conoció la letra del pariente de Diego Alguacil; dijo que era su enemigo, que los turcos no tenían autoridad para juzgalle; protestoles de parte de Mahoma, del emperador de los turcos, y del rey de Argel, que le tuviesen preso dando noticia de ello y admitiendo sus defensas. Mas la razón tuvo poca fuerza con hombres culpados y prendados en un mismo delito, y codiciosos de sus bienes: saqueáronle la casa; repartiéronse las mujeres, dineros, ropa; desarmaron y robaron la guardia; juntáronse con los capitanes y soldados, y otro día de mañana determinaron su muerte. Eligieron a Abenabó por cabeza en público, según lo habían acordado en secreto, aunque mostró sentimiento y rehusallo, todo en presencia de Aben Humeya, el cual dijo, que nunca su intención había sido ser moro; mas que había aceptado el reino por vengarse de las injurias, que a él y a su padre habían hecho los jueces del rey don Felipe, especialmente quitándole un puñal y tratándole como a un villano, siendo caballero de tan gran casta; pero que él estaba vengado y satisfecho, lo mismo de sus enemigos, de los amigos y parientes de ellos, de los que le habían acusado y atestiguado contra él y su padre, ahorcándolos, cortándoles las cabezas, quitándoles las mujeres y haciendas: que pues había cumplido su voluntad, cumpliesen ellos la suya. Cuanto a la elección de Abenabó, que iba contento; porque sabía que haría presto el mismo fin; que moría en la ley de los cristianos, en que había tenido intención de vivir si la muerte no le previniera. Ahogáronle dos hombres: uno tirándole de una parte y otro de otra de la cuerda, que le cruzaron en la garganta; él mismo se dio la vuelta como le hiciesen menos mal, concertó la ropa, cubriose el rostro.

Tal fin hizo Aben Humeya, en quien después de tantos años revivió la memoria de aquel linaje, que fue uno de los en cuya mano estuvo la mayor parte de lo que entonces se sabía en el mundo. La ocasión convida a considerar que, como todo lo que en él vemos se mantenga por partes, que juntas le dan el ser, y una dellas sea las castas o linajes de los hombres, éstas como en unos tiempos parecen estar acabadas hasta venir a pobres labradores, así en otros salen y suben hasta venir a grandes reyes. Pero muchas veces el Hacedor de todo no hallando sujeto aparejado, produce cosas disminuidas semejantes a las grandes, como fruto en tierra cansada o olvidada; o como queriendo hacer hombre, hace enano, por falta de sujeto, de tiempo, de lugar. No había en el pueblo de Granada moriscos, fuerzas, ocasión, ni aparejo, para crear y mantener rey: salió de un común consentimiento de muchas voluntades juntas, hombres que se tenían por agraviados y ofendidos hecho un tirano con sombra y nombre de rey, y éste, descendiente de casta olvidada, mas que tanto tiempo había señoreado. Dicen que de una sola hija que tuvo Mahoma llamada Fátima, y de Hali Abenseib, vinieron dos linajes; uno de Aben Humeya, otro de Abenhabet, cuya cabeza fue Abdalá

Abenhabet Miramamolín señor de España, que echó los berberíes del reino della, y el postrero Juseph Hali Atan, a quien echó del reino Abdurrabi Menhadali, cabeza del linaje de Aben Humeya, hasta el último Hiscen, que reinó en discordia, que habiéndole los de Córdoba echado del reino con ayuda de Habuz, rey de Granada, uno del mismo linaje escogió ser electo rey por un solo día, con condición que le matasen pasadas las veinte y cuatro horas; eligiéronle, y matáronle, y acabaron juntos el linaje de Aben Humeya y el reino de Córdoba. Los que decendían de este rey, de un día vinieron a poblar las montañas de Granada, y los moros establecieron por ley que ninguno del linaje de Aben Humeya pudiese reinar en Córdoba. Porque si después reinaron en el Andalucía los almorávides, y almohades, y el linaje de Abenhut, ya no tuvieron a Córdoba por cabeza del reino, hasta que vino a poder del Santo Rey don Fernando el Tercero. Esto se ha dicho por muestra, y acordar que no hay reino perpetuo, pues vino a desvanecerse un reino tan poderoso, como fue el de Córdoba.

Tomado por cabeza Abdalá Abenabó, diéronle mando sobre todo por tres meses, hasta que viniese confirmación del rey de Argel y título de rey; envió con Ben Daud, morisco tintorero en Granada, inventor y tramador del levantamiento, a dar nueva de su elección al rey de Argel; diole dineros y oro para presentar; diéronle los capitanes cada uno por su parte ayuda con que fuese, y quedó allá; y envió la aprobación mucho antes del tiempo. Hicieron con Abenabó la ceremonia, y pusiéronle en la mano izquierda un estandarte y en la derecha una espada desnuda, vistiéronle de colorado, levantáronle en alto, y mostráronle al pueblo, diciendo: «Dios ensalce al rey de la Andalucía y Granada Abdalá Abenabó». Diéronle generalmente la obediencia los pueblos de moriscos que no la habían dado a Mahomet Aben Humeya, y los capitanes, excepto Aben Mequenun, que llamaban Portocarrero, hijo del que levantó a Jérgal con cuatrocientos hombres en el río de Almanzora, que también el duque de Arcos mandó justiciar en Granada; y en tierra de Almuñécar y Almijara, Girón el Archidoni, que murió reducido y perdonado en Jayena. Hizo repartimiento de las alcaidías y gobierno en hombres naturales de las mismas tahas; escogió para su consejo seis personas demás de los capitanes turcos Caracax y Don Dali, capitán; porque Caravaji, luego como se hizo la elección, partió a Berbería con ocasión de traer gente. Eligió por capitán general para los ríos de Almería, Boloduí y Almanzora, sierras de Baza y Filabres, tierra del marquesado de Cenete y Guadix, al que llamaban el Habaquí, por cuyo parecer se gobernaba en todo; otro de Sierra Nevada, tierra de Vélez, el valle, el Alpujarra, y Granada, a quien decían Joaibi de Güéjar: a éstos obedecían los otros capitanes de tahas; por alguacil, que después del rey es el supremo magistrado, a su hermano Muhamet Abenabó. Envió a Hoscein con otro presente de cautivos al rey de Argel, pidiéndole gente y armas: juntó un ejército ordinario de cuatro mil arcabuceros, que alojase la cuarta parte cerca de su persona; la guardia de doscientos arcabuceros; fuera del lugar las centinelas apartadas y perdidas, que ni se acogen al cuerpo de guardia, sino a lo alto o lejos, ni se les da otro nombre más de una contraseño de los caminos, que es dejar pasar solamente al que viniere por parte señalada, y a los que vinieren por otra parte detenellos o dar arma; dende allí avisan por donde vienen los enemigos. Tienen siempre atalayas de noche y de día por las cumbres; llaman al sargento mayor alguacil de la guardia, que reparte y requiere las centinelas, ordena la gente, alójala, hace justicia en el cuerpo de guardia; dentro en la casa residen veinte arcabuceros, a que dicen porteros. Fue poco a poco comprando y proveyéndose de armas traídas de Berbería, o habidas de las presas en gran cuantidad, que repartió a bajos precios entre la gente: llegó desta manera a tener ocho mil arcabuceros; el sueldo de los turcos eran ocho ducados al mes, el de los moriscos la comida. Con estos principios de gobierno, con la necesidad de cabeza, con la reputación de valiente y hombre del campo, con la afabilidad, gravedad, autoridad de la presencia, con haber padecido en la persona por tormentos siendo esclavo, fue bienquisto, respetado, obedecido, tenido como rey generalmente de todos.

Mandó en este tiempo don Juan que Pedro de Mendoza fuese a visitar el presidio de Órgiba con orden que sirviese en lugar de Francisco de Molina, porque entendía estar indispuesto, sabiendo que Abenabó, nuevo rey, juntaba gente para venir sobre la plaza. Mas sucedió una novedad extraordinaria siendo siete leguas de Granada, como las que suelen acontecer en las Indias, a tres mil de España; que de cinco banderas, sola una con su capitán, don García de Montalvo, quedó libre sin amotinarse; y acusando a Francisco de Molina, a una voz de estar loco, pedían por cabeza a Pedro de

Mendoza. Las señales que daban de su locura, que los apretaba con rigor a las guardias, que estando enfermo los requería, que no dormía de noche, hombre rico y recatado, que falto de gente particular ayudaba con dineros a los que enviaba con licencia por cobrar crédito, para que viniesen otros; repartía la vitualla por tasa como quien sospechaba cerco. Pero visto que se encaminaba a motín, quiso prender los capitanes; y sosegándolos, procuró que Pedro de Mendoza saliese de Órgiba: mas por satisfacer la gente que estaba ociosa y descontenta, y proveerse de vitualla, envió la compañía de Antonio Moreno con su alférez Vilches a correr en el Cehel; que atajados por los moros en el barranco de Tarascón, fueron todos muertos, sin escapar más de tres soldados.

Abenabó con estas ocasión proveyó a Castil de Ferro de armas, artillería, y vitualla, puso dentro cincuenta turcos con un capitán, llamado Leandro, para que pudiese recibir el socorro que traería Caravaji con el armada de Argel, y en persona vino sobre Órgiba, movido por quejas de los pueblos comarcanos, y daños que continuamente recibían de la guarnición que en ella residía. Eran los capitanes moros, Berbuz, Rendati, Macox; y turcos, Dali, capitán a quien dejó cabeza de la empresa, y de la gente. Apretaron el lugar, mostraron quererle hambrear; fuéronse con trincheras llegando hasta las casas; vínoles gente, y entraron en ellas; señoreáronlas de manera, que descubrían la plaza, y los nuestros no atravesaban, ni estaban a los reparos sin ser enclavados; tomaban por días el agua peleando; era la hambre y la sed mayor que el temor de los enemigos. Dio Francisco de Molina aviso, y pareció a don Juan que el duque de Sesa la socorriese, por la experiencia, por la gracia y autoridad con la gente, ser del consejo y el lugar suyo; de-túvose algunos días esperando la vitualla con harta dilación: partió con seis mil infantes y trescientos caballos, más número de gente que de hombres, la mayor parte concejil: pero en Acequia le tomó la gota, enfermedad ordinaria suya, y tan recia que le inhabilitaba la persona, aunque dejándole libre el entendimiento. Trató don Juan de enviar a Luis Quijada en su lugar, no sin ambición; pero el duque mejoró, y en principio de noviembre envió dende Acequia a Vilches, que por otro nombre llamaban Pie de palo, buen hombre de campo, plático de la tierra, que con cuatro compañías de infantería, en que había ochocientos hombres, dejando a la mano derecha a Lanjarón, hiciese el camino por lo áspero de la montaña, desusado muchos años, pero posible para caballería; y que reconociendo el barranco que atraviesa el camino de Órgiba, tomase lo alto de la montaña y estuviese quedo, adonde el camino de Lanjarón hace la vuelta cerca de Órgiba, de allí diese aviso a Francisco de Molina; y por asegurar a Vilches envió a sus espaldas otros ochocientos hombres, siguiendo él con el resto de la gente y caballería, sospechoso que los unos y los otros habrían menester socorro.

Mas los moros que tenían no solamente aviso de la salida de Acequia, pero atalayas por todo, que con señas contaban a los nuestros los pasos, dándolas de una en otra hasta Órgiba, hicieron de sí dos partes: una quedó sobre Órgiba, y otra de la demás gente salió con sus banderas a esperar al duque. Estos fueron Hhusceni, y Dali, encubriéndose parte de la gente. Comenzó Dali, capitán a mostrarse tarde, y entretenerle escaramuzando. Entre tanto apartaron seiscientos hombres, cuatrocientos con Rendati que se emboscó a las espaldas de Vilches, y Macox adelante al entrar de lo llano tomando el camino de Acequia de las tres peñas (llaman los moros a aquel lugar Calat el Hhajar en su lengua), cosa pocas veces vista, y de hombres muy pláticos en la tierra, apartarse tanta gente escaramuzando, y emboscarse sin ser sentida ni de los que estaban en la frente ni de los que venían a las espaldas. Cayó la tarde, y cargó Dali, capitán reforzando la escaramuza a la parte del barranco cerca de la agua; de manera que a los nuestros pareció retirarse adonde entendían que venía el duque, pero con orden. Descubriose la primera emboscada, y fueron cargados tan recio, que hallándose lejos del socorro y que apuntaba la noche, cuasi rotos se recogieron a un alto cerca del barranco, con propósito de esperar, hechos fuertes; donde pudieran estar seguros aunque con algún daño, si el capitán Perea tuviera sufrimiento; pero viendo el socorro, echose por el barranco y la gente tras él; donde seguido de los moros, fue muerto peleando con parte de los que iban con él, y pasando adelante cargaron hasta llegar a dar en el duque ya de noche, que los socorrió y retiró; pero dando en la segunda emboscada de Macox, apretado por una parte de los enemigos, por otra incierto del camino y de la tierra con la oscuridad, y confuso con el miedo que la gente llevaba, que le iba faltando, fue necesitado a hacer frente a los enemigos por su persona; quedaron con él don Gabriel su tío don Luis de Córdoba, don Luis de Cardona, don Juan de Mendoza, y otros caballeros y gente particular; muchos de ellos apeados con la infantería dando cargas y siendo seguidos hasta cerca del alojamiento, dicen que si los moros cargaran como al principio, estuviera en peligro la jornada. Pero el daño estuvo en que Pie de palo partiese a hora, que el día no le bastó al duque para llegar a Órgiba con Sol, ni para socorrerle. Engaña el tiempo en el reino de Granada a muchos hombres que no le miden por la aspereza de la tierra, hondura de los barrancos y estrecheza de los caminos. Murieron de los nuestros cuatrocientos hombres, y perdieron muchas armas, según los moros, gente vana que acrecienta sus prosperidades; mas según nosotros (que en esta guerra nos mostramos a disimular, y encubrir las pérdidas), solos sesenta; lo uno o lo otro con daño de los enemigos y reputación del duque. De noche sospechoso de la gente, apretado de los enemigos, impedido de la persona, tuvo libertad para poner en ejecución lo que se ofrecía proveer a toda parte, resolución para apartar los enemigos, y autoridad para detener los nuestros, que habían comenzado a huir, recogiéndose a Acequia cuasi a media noche: larga y trabajosa retirada de tres grandes leguas, dos siendo cargada su gente.

Y considerando yo las causas, porque nación tan animosa, tan aparejada a sufrir trabajos, tan puesta en el punto de lealtad, tan vana de sus honras (que no es en la guerra la parte de menos importancia), obrase en ésta al contrario de su valentía y valor, truje a la memoria numerosos ejércitos disciplinados y reputados en que yo me hallé, guiados por el emperador don Carlos, uno de los mayores capitanes que hubo en muchos siglos; otros por el rey Francisco de Francia, su émulo, y hombre de no menos ánimo y experiencia. Ninguno más armado, más disciplinado, más cumplido en todas sus partes, más plático, abundado de dinero, de vitualla, de artillería, de munición, de soldados particulares, de gente aventurera de corte, de cabezas, capitanes y oficiales, me parece haber visto ni oído decir, que el ejército que don Felipe II, rey de España, su hijo, tuvo contra Enrique II de Francia, hijo de Francisco, sobre Durlan, en defensión de los estados de Flandes, cuando hizo la paz tan nombrada por el mundo, de que salió la restitución del duque Filiberto de Saboya, negocio tan desconfiado. Como por el contrario, ninguno he visto hecho tan a remiendos, tan desordenado, tan cortamente proveído, y con tanto desperdiciamiento y pérdida de tiempo y dinero; los soldados iguales en miedo, en codicia, en poca perseverancia y ninguna disciplina. Las causas pienso haber sido, comenzarse la guerra en tiempo del marqués de Mondéjar con gente concejil aventurera, a quien la codicia, el robo, la flaqueza y las pocas armas que se persuadieron de los enemigos al principio, convidó a salir de sus casas cuasi sin orden de cabezas o banderas: tenían sus lugares cerca, con cualquier presa tornaban a ellos; salían nuevos a la guerra, estaban nuevos, y volvían nuevos. Mas el tiempo que el marqués de Mondéjar hombre de ánimo y diligencia, que conocía las condiciones de los amigos y enemigos, anduvo pegado con ellos, a las manos, en toda hora, en todo lugar, por medio de los hombres particulares que le seguían, estuvieron estas faltas encubiertas. Pero después que los enemigos se repartieron, acontecieron desgracias por donde quedaron desarmados los nuestros y armados ellos; comunicábase el miedo de unos en otros; que como sea el vicio más perjudicial en la guerra, así es el más contagioso: no se repartían las presas en común, era de cada uno lo que tomaba, como tal lo guardaba; huían con ello sin unión, sin respondencia; dejábanse matar abrazados o cargados con el robo, y donde no le esperaban, o no salían, o en saliendo, tornaban a casa; guerra de montaña, poca provisión, menos aparejo para ella, dormir en tierra, no beber vino, las pagas en vitualla, tocar poco dinero o ninguno: cesando la codicia del interés, cesaba el sufrir trabajo; pobres, hambrientos, impacientes, adolecían, morían, o huyéndose los mataban; cualquier partido déstos escogían por más ventajoso que durar en la guerra, cuando no traían la ganancia entre las manos. De los capitanes, algunos cansados ya de mandar, reprender, castigar, sufrir sus soldados; se daban a las mismas costumbres de la gente, y tales eran los campos que della se juntaban. Pero también hubo algunos hombres entre los que vinieron enviados por las ciudades, a quien la vergüenza y la hidalguía era freno. También la gente enviada por los señores, escogida, igual, disciplinada, y la que particularmente venía a servir con sus manos, movidos por obligación de virtud y deseo de acreditar sus personas, animosa, obediente, presente a cualquier peligro: tantos capitanes o soldados, como personas; y en fin autores y ministros de la victoria. Los soldados y personas de Granada todos aprobaron para ser loados. No parecerá filosofía sin provecho para lo por venir esta mi consideración verdadera, aunque experimentada con daño y costa nuestra.

Envió el duque a dar noticia de lo que pasaba a Francisco de Molina, mandándole, que en caso que no se pudiese detener, desamparase la plaza y se retirase por el camino de Motril, porque el de Lanjarón tenían ocupado los enemigos, y no le podía socorrer. Mas ellos no curaron de tornar sobre Órgiba, así porque en ella y en la refriega que tuvieron, habían perdido gente y muchos heridos, como porque les pareció que bastaba tener a Francisco de Molina corto con poca gente, y ellos hacer rostro a la del duque, estorbar el daño que podía hacer en los lugares del Valle, que tenían como proprios. Francisco de Molina, con la orden del duque, conforme a la que él tenía de don Juan, teniendo por cierto que si volvieran sobre él, se perdería sin agua, ni vitualla, enclavó y enterró algunas piezas que no pudo llevar, recogió los enfermos y embarazos en medio, tomó el camino de Motril, libre de los enemigos; donde llegó con toda la gente que salió, y con poca pérdida en el fuerte, dando harto contraria muestra del suceso en el cerco y retirada, de lo que la desvergüenza de los soldados había publicado; desamparose por ser corta la provisión de vituallas, lugar que había costado muchas, mucho tiempo, mucha gente y trabajo mantener y socorrer; fue el primero y solo que los enemigos tomaron por cerco; deshicieron las trincheras, quemaron y destruyeron la tierra, llevaron dos piezas, aunque enclavadas. Tomáronse dos moros con cartas que los capitanes escribían a la gente de las Albuñuelas y el valle, y otras partes, certificándoles la venida del duque a socorrer a Órgiba, y animándolos que siguiesen su retaguardia; porque ellos con la gente que tenían se les mostrarían a la frente, como le estorbasen el socorro o les combatiesen con ventaja. No estuvieron ociosos el tiempo que él se detuvo en Acequia; porque bajaron por Güéjar y el Puntal a la Vega, llevaron ganados, quemaron a Mairena hasta media legua de Granada, acogiéndose sin pérdida y con la presa, por divertir, o porque la guerra pareciese con igualdad. Esperó en Acequia por entender el motivo de los enemigos y entretenellos que no diesen estorbo a la retirada de Francisco de Molina, y por su indisposición, con falta de vitualla y descontentamiento de la gente: por esto y la ociosidad, y por ser ya el mes de Noviembre y la sementera en la mano, se comenzó a deshacer el campo. Mas llamado por don Juan, salió

120

por las Albuñuelas con poca gente, y ésa temerosa por lo sucedido (trataban los turcos de ponerse de guarnición en aquel lugar), y caminando el día, los enemigos al costado, llegó temprano sin acercarse los unos a los otros, dando culpa a las guías: quemó el un barrio, y después de haber enviado a don Luis de Córdoba a quemar a Restaval, Melejix, Concha, y otros lugares del valle que don Antonio de Luna dejó enteros, y dejado a Pedro de Mendoza con seiscientos hombres alojado en el otro barrio, tornó a Granada, donde halló a don Juan ocupado en la reformación de la infantería, provisiones de vitualla y otras cosas, por medio e industria de Francisco Gutiérrez de Cuéllar, del consejo, a quien el rey envió particularmente a mirar por su hacienda, caballero prudente, plático en la administración della, bueno para todo.

Habían las desórdenes pasado tan adelante, que fue necesario para remediallas hacer demostración no vista ni leída en los tiempos pasados en la guerra; suspender treinta y dos capitanes de cuarenta y uno que había, con nombre de reformación; pero no se remedió por eso; que el gobierno de las compañías quedó a sus mismos alféreces, de quien suele salir el daño. Porque como se nombran capitanes sin crédito de gente o dineros, encomiendan sus banderas a los alféreces, y oficiales que les ayudan a hacer las compañías, gastando dinero con los soldados, de quien no pueden desquitarse tomándoselo de las pagas, porque se les desharían las compañías, y procuran hacello engañando en el número. Pero los capitanes y oficiales cuasi todos engañan en las pagas; aunque unos las ponen en calificar soldados y entretenellos con pagar ventajas o darles de comer; y éstos son tolerables; otros son perniciosos y aun tenidos como traidores, porque engañan a su señor en cosa que le hacen perder la honra, el estado y la vida, fiándose de ellos, y éstos son los que para sí hacen ganancia con las compañías, teniendo menos gente, o robando los huéspedes, o componiéndolos: la misma reformación se hizo en los comisarios, partidos, y distribución de vituallas, armas y municiones.

En el tiempo que el duque de Sesa partió para el socorro de Órgiba, y don Juan entendía en reformar las desórdenes, se alzó Galera, una legua de Güéscar, en tierra de Baza; lugar fuerte para ofender y desasosegar la comarca, en el paso de Cartagena al reino de Granada, y no lejos del de

Valencia. Mas los de Güéscar, entendiendo el levantamiento, fueron sobre el lugar con mil doscientos hombres y alguna caballería; estuvieron hasta tercero día; y sin hacer más de salvar cuarenta cristianos viejos que estaban retirados en la iglesia, se tornaron. Habían entrado en Galera por mandado de Abenabó cien arcabuceros turcos y berberíes con el Maleh, alcaide del partido, y era capitán de ellos Caravajal, turco, que saltó fuera cargando en la retaguardia, y poniéndolos en desorden les quitó la presa de ganados y mató pocos hombres, de que los de Güéscar, indignados, mataron algunos moriscos por la ciudad y en la casa del Gobernador, donde se habían recogido, quemaron parte della, saquearon y quemaron otras en Güéscar, ciudad de los confines del reino de Murcia y Granada, patrimonio que fue del Rey Católico don Fernando, y dada en satisfacción de servicios al duque de Alba don Fadrique de Toledo; pueblo rico, gente áspera y a veces mal mandada, descontenta de ser sujeta a otro sino al rey; y desasosegada con este estado que tiene, procura trocalle con otros, que a veces desasosiegan más.

Levantose de ahí a pocos días Orce, una legua de Galera, que los antiguos llamaron Urci: y estando los de Güéscar preparándose para ir a allanarla o destruirla, los vecinos cristianos nuevos que habían quedado, indignados, metieron de noche sin ser sentidos al Maleh con trescientos hombres en sus casas, que dejó emboscados en los lavaderos hasta dos mil, y en ellos trescientos turcos y berberíes, que se habían juntado para el efecto; mas los de la ciudad que tuvieron noticia, vueltas contra ellos las armas, peleando los echaron fuera con daño y rotos, y dando con el mesmo ímpetu en la emboscada, la rompieron, matando seiscientos hombres. Fuera la victoria del todo, si los turcos y berberíes no resistieran, reparando la gente, y haciendo retirar parte della con alguna orden. Ya Abenabó había hecho declarar todo el río de Almanzora (que en arábigo quiere decir de la Victoria), con Purchena (en otro tiempo llamada de los antiguos Illipula grande, a diferencia de otra menor, ribera de Guadalquivir), la sierra de Filabres y los lugares de tierra de Baza. Quedaban Serón y Tíjola, del duque de Escalona: Tíjola inexpugnable, pero falta de agua. Envió sobre Serón, y saliéndose la guardia, prendió el Alcaide (algunos dicen que por su voluntad), tomó armas, munición, vitualla, doce piezas de bronce. Tíjola siguió a Serón: de esta manera quedaron levantados todos los moriscos del reino, sino los de la hoya de Málaga y serranía de Ronda.

Estos motivos, y la prisa que el rey daba a reforzar el campo del marqués de Vélez que estaba en Baza, enviando caballeros principales de su casa por las ciudades a solicitar gente, que saliese antes que los enemigos tomasen fuerzas, apresuró al marqués con la gente que trajo de la Peza y la que don Antonio de Luna dejó en Baza, y la que se juntó de Güéscar y otras partes, por todos cuatro mil infantes y trescientos y cincuenta caballos, a ponerse sobre Galera: el Maleh y su hijo desampararon el lugar, desconfiados que se pudiese mantener. Caravajal, turco, dende a dos días que el marqués llegó, juntó el pueblo; persuadiolos que salvasen la gente, la ropa, y a sí mismos, pues tenían aparejo y la sierra cerca; y diciéndole que dentro en sus casas querían morir, les respondió que aún no era llegado el tiempo, ni era su oficio morir; que se salvasen y dejasen aquello para otros que vernían brevemente a morir por ellos. Mas visto que estaban pertinaces, con ciento y treinta turcos y berberíes dando una arma de noche a los nuestros, se salió con su gente y dinero sin recebir daño; y vino por mandado de Abenabó a residir en Güéjar con los otros capitanes.

Habían los enemigos (como dijimos), entrado en ella, fundado frontera, atajado con una trinchera de piedra seca, de monte a monte el trecho, que llaman la Silla; manteníanse contra Granada, hacían presas, solicitando pueblos que se levantasen, recogiendo y regalando los que se alzaban. A veces estaban en ella cuatro mil, a veces menos, y de ordinario seiscientos hombres, según las ocasiones: eran capitanes Joaibi, natural del lugar, por otro nombre llamado Pedro de Mendoza (que este apellido tomaban muchos por la naturaleza que tenía en la tierra la casta del marqués don Íñigo López de Mendoza, primer capitán general), Hocein, Caravajal, turco, Chocón (que en su lengua quiere decir degollador), Macox, Mojájar, y otros. Crecía el desasosiego de la ciudad, y parecía estarse con menos seguridad, pero en nada se veía acrecentada la manera de la defensa, descubierta la parte de la ciudad que llaman Realejo, frontera a los enemigos, el barrio de Antequeruela no sin peligro muchos meses, muy a menudo los apercebimientos, que se hacían de persona en persona y con secreto, mostrando que los enemigos vernían cada noche a dar en la ciudad, las más veces por esta parte. Al fin se achicó la puerta que dicen de los Molinos, y se puso una compañía de guardia en Antequeruela, pero no que se atajasen los caminos de Facar, Veas, el Puntal; maravillándose los que no tienen noticia de las causas o licencia de escudriñallas, cómo se encarecían tanto las fuerzas de los enemigos y el peligro y se estaba con tan flaca guardia; en fin, se puso una concejil en la puerta de los Molinos, reforzose la de Antequeruela; púsose guardia en los Mártires y en Pinillos y Cenes (presidios todos contra Güéjar), y a don Jerónimo de Padilla mandaron estar en Santa Fe con una compañía de caballos para asegurar el llano de Loja, demás de la guardia de la Vega. Púsose caballería en Iznalloz, pero todo no estorbaba que hasta las puertas de Granada se hiciesen a la continua presas.

Estando en estos términos, comenzó el marqués de Vélez a batir a Galera con seis piezas de bronce y dos bombardas de hierro, de espacio y con poco fruto. Saltaban fuera los moros a menudo, haciendo daño sin recebillo.

Cargó don Juan la mano con el rey, como agraviado que le hubiese mandado venir a Granada en tiempo que todos estaban ocupados por tenelle ocioso, siendo el que menos convenía holgar: mostrábale deseo de emplear su persona; hijo y hermano de tan grandes príncipes, en cuya casa habían entrado tantas victorias; mozo no conocido de la gente; el espacio con que se trataba la guerra en Almanzora, el atrevimiento de los enemigos, la Alpujarra sin guarniciones, la mar desproveída, los moros en Güéjar, lo que convenía tomar el negocio con mayores fuerzas y calor. Pareció al rey apretar los enemigos, acometiéndolos a un tiempo con dos campos; uno por el río de Almanzora a cargo de don Juan, con quien asistiesen el marqués de Vélez, el Comendador mayor de Castilla y Luis Quijada; otro por el Alpujarra con el duque de Sesa; y por no dejar embarazo tan importante como enemigos a las espaldas, mandó que antes de su partida viniese sobre Güéscar. El nombre de la salida fue (porque el de Vélez no se hubiese por ofendido), dar orden en lo que tocaba a Guadix y Baza, como había sido con el marqués de Mondéjar, darla en lo de Granada. Estando Güéjar y Galera por los enemigos, cualquier otra empresa parecía difícil y el peligro cierto: en Güéjar, por dejarlos a las espaldas; en Galera, porque podía saltar la rebelión en el reino de Valencia, y con la tardanza conservarse los moros en sus plazas, Purchena, Serón, Tíjola, Jérgal, Cantoria, Castil de Ferro y otras. Partió el Comendador mayor de Cartagena, por orden de don Juan, con ocho piezas de campo, trescientos carros de vitualla, munición, y armas. El marqués, aunque entendiendo la ida de don Juan mostraba algún sentimiento, no dejó de verse con el Comendador mayor, que proveyéndole de vitualla y munición, pasó a esperar don Juan en Baza. Dicen, y confiésalo el Comendador mayor, que escribió al rey, como el marqués no le parecía a propósito para dar cobro a la empresa del reino de Granada, y que las cartas vinieron a las manos del marqués primero que a las del rey; mas leyolas y disimulolas; o fuese pensando que la necesidad había de traelle tiempo a las manos, en que diese a conocer lo contrario; o cansado y ofendido, dando a entender que la peor parte sería de quien no le empléase. Eran ya los 15 de diciembre (1569), y no parecía señal ni esperanza de que se hiciese efecto contra Galera. Mas el rey solicitaba con diligencia los señores de la Andalucía y las ciudades de España; pidiendo nueva gente para la empresa y salida de don Juan, y enviando personas calificadas de su casa a procurallo.

Llegó la orden para que don Juan hiciese la jornada de Güéjar, primero que partiese para Guadix y Baza: habíase enviado muchas veces a reconocer el lugar con personas pláticas: lo que referían era, que dentro estaban siete mil arcabuceros y ballesteros resolutos a venir una noche sobre Granada (número que si de mujeres y hombres ellos lo tuvieran, y no les faltaran cabezas y experiencia, era bastante para forzar la ciudad); que estaban fortificados y empantanaban la Vega; que allanaban el camino que va por la sierra a la Alpujarra para recebir gente. Tanto más puede el recelo que la verdad, aunque cargue sobre personas sin sobresalto. Todavía no fueron del todo creídos los que daban el aviso; pero reforzáronse las guardias con más diligencia, y difiriose la ida de don Juan hasta que más gente de las ciudades y señores fuese llegada. Por hacer la jornada con más seguridad envió a don García Manrique y Tello de Aguilar que reconociesen el lugar de noche y la mañana hasta el día: lo que trujeron fue que dentro había más de cuatro mil infantes, no haber visto fuego a las trincheras ni en el cuerpo de guardia: no humo aun para encender las cuerdas, en el corazón del invierno, tierra frigidísima y a la falda de la nieve; no trocar las guardias, no cruzar a la mañana gente de las casas a la trinchera o de la trinchera a las casas; no acudir con el arma a la trinchera: atribuíase todo a señales de gran recatamiento; pero, a juicio de algunas personas pláticas, de lugar desamparado. Notaban que en tanto tiempo, tan cerca, lugar abierto y pequeño, se sospechase y no se supiese cierto el número de la gente, pudiéndose contar por cabezas o por la comida, y que todos afirmasen pasar de seis mil hombres, y los reconocedores, de cuatro mil, llegando tan cerca y trayendo señales de poca gente o ninguna. Pareció que sería conveniente servirse de los capitanes que habían sido suspendidos, porque la gente se gobernaría mejor por ellos, y los más eran personas de experiencia. Mandáronles tomar sus compañías, y todos lo quisieron hacer, pudiendo emplear sus personas, sin volver a los cargos de que una vez fueron echados.

Había costumbre en el Alhambra de salir los capitanes generales y alcaides cuando se ofrecía necesidad, dejando en la guardia della personas de su linaje y suficientes. Mostraba el conde de Tendilla títulos suyos, de su padre, abuelo y bisabuelo, de capitanes generales de la ciudad sin el cargo del reino, y pretendía salir con la gente della. Pero Juan Rodríguez de Villafuerte, que entonces era temido por enemigo suyo declarado, pretendía que como corregidor le tocase: traía ejemplo de Málaga donde el corregidor tenía cargo de la gente, no obstante que el alcaide tuviese título de capitán de la ciudad; mas, o fuese mandamiento expreso o inclinación a otros, o desabrimiento particular con la casa o persona del Conde, no obstante las cédulas, y que la profesión de Juan Rodríguez fuese otra que armas, hizo don Juan una manera de pleito de la pretensión del Conde, y remitió el negocio al consejo del rey; quitándole el uso de su oficio y dándole a Juan Rodríguez, que aquel día llevó cargo de la gente de la ciudad y le tuvo otros muchos. Partió a los 23 de diciembre con nueve mil infantes, seiscientos caballos, ocho piezas de campo. Había dos caminos de Granada a Güéjar; uno por la mano izquierda y los altos, y éste llevó él con cinco mil infantes y cuatrocientos caballos: llevaba Luis Quijada la vanguardia con dos mil, donde iba su persona; a don García Manrique encomendó la caballería; y la retaguardia, con la artillería, munición y vitualla (donde iba su guión), al licenciado Pedro López de Mesa y a don Francisco de Solís, ambos caballeros cuerdos, pero sin ejercicio de guerra: lo cual dio ocasión a pensar que la empresa fuese fingida, y don Juan cierto que el lugar estaba desamparado; pues encomendaba a personas pacíficas lugar a donde podía haber peligro y era menester experiencia; dando al duque el camino del río más breve con cuatro mil infantes y trescientos caballos, en que iba la gente de la ciudad. Aquella noche se aposentó en Veas dos leguas de Granada, y otras tantas de Güéjar, con orden que juntos, por diversas partes, llegasen a un tiempo, y combatiesen los enemigos, para que los que del uno escapasen, diesen en el otro; pero quedoles abierto el camino de la sierra. Don Diego de Quesada, a quien tenían por plático de la tierra, iba por guía del campo de don Juan, aunque otros hubiese en la compañía tan soldados, criados en aquella tierra y más pláticos en ella, según lo mostró el suceso. Estaban a la guardia del lugar ciento y veinte turcos y berberíes con Caravajal, que estuvo en Galera, cuatrocientos y treinta de la tierra, todos arcabuceros; la cabeza era Joaibi, los capitanes Cholón, Macox y Rendati, y el Partal por sargento mayor; venidos, según se entendió, solo por la ganancia de las presas, con la seguridad de la montaña, y mudábanse por meses: muchas mujeres, muchachos, y viejos de los lugares vecinos, que no querían apartarse de sus casas, proveídos de pan y carne en abundancia; y dicen ellos, que nunca hubo más gente ordinaria. Entendieron días antes la ida de don Juan, y tuvieron tiempo de salvar lo mejor de su ropa, sus personas y ganados. El día antes que don García, y Tello de Aguilar fueron a reconocer, avisando la gente, partieron los turcos a la Alpujarra; y de los moros, el día antes que don Juan llegase, salieron cuatrocientos hombres con Partal, y el Macox, y Rendati a la Vega en ocasión de correr nuestras espaldas, y hicieron daño el mismo día que llegó don Juan: quedaron en Güéjar ochenta hombres con Joaibi para retirar el removiente de la gente inútil y ropa. Partieron a un tiempo de Granada el duque y don Juan de Veas al amanecer: hay pocos hombres del campo que sepan caminar bien de noche la tierra que han visto de día; ésta era toda de un color igual, aunque doblada, que dio causa a la guía de engañarse cuasi en la salida del lugar, y a don Juan de gastar tiempo. Con todo se detuvo, esperando el día, incierto del camino que haría el duque, y avisando las atalayas de los moros con fuegos a los suyos de lo que ambos hacían. Mas el duque caminó por derecho: envió delante a don Juan de Mendoza, que halló la trinchera desamparada sino de diez o doce viejos, que de pesados escogieron quedar a morir en ella; éstos fueron acometidos y degollados. Entrado y saqueado el lugar por la gente que don Juan de Mendoza llevaba de vanguardia, vieron subir por la sierra mujeres y niños, bagajes cargados, con espaldas de sesenta arcabuceros y ballesteros, que haciendo vuelta sobre los nuestros en defensa de su ropa, se salvaron de espacio, aunque seguidos poco trecho y detenidamente; pero lo que se pudo, y con más daño nuestro que suyo: murieron, entre hombres y mujeres, sesenta personas, y fueron cautivas otras tantas; la demás gente por la sierra fueron a parar en Valor y Poqueira y otros lugares de la Alpujarra; húbose mucho trigo y ganado mayor; de nuestra gente murieron cuarenta soldados, porque los moros en lo áspero de la tierra y entre las matas, cubiertos con las tocas de las mujeres, esperaban a nuestros soldados que, pensando ser mujeres, llegasen a cautivallas y los arcabuceasen. Entre ellos murió el capitán Quijada, siguiendo el alcance, desatinado de una pedrada que una mujer le dio en la cabeza. Don Juan, ora apartándose del lugar dos leguas, ora acercándose a menos de un cuarto por camino que todo se podía correr, se halló pasado medio día sobre Güéjar, dentro de la trinchera de los enemigos, en el cerro que llaman la Silla; llevó la gente ordenada y a los que nos hallamos en las empresas del emperador, parecía ver en el hijo una imagen del ánimo y provisión del padre, y un deseo de hallarse presente en todo, en especial con los enemigos. Descubrió de lo alto a la gente del duque delante del lugar en escuadrón, y tan de improviso que Luis Quijada envió con don Gómez de Guzmán de mano en mano a pedir artillería, pensando que fuesen enemigos, o dando a entender que lo pensaba. Esta voz se continuó con mucha priesa; y caminando con dos pezezuelas, llegó don Luis de Córdoba, de parte del duque, con el aviso que los enemigos iban rotos y los nuestros estaban dentro en el lugar. Quedamos espantados cómo Luis Quijada no conoció nuestras banderas y orden de escuadrón dende tan cerca, hombre plático en la guerra, y de buena vista; y como el duque enviaba a decir que los enemigos iban rotos, no habiendo enemigos. Mostró don Juan contentamiento del buen suceso, y queja del agravio de que le hubiesen guiado por tanto rodeo, que no alcanzase a ver enemigos. Pero don Diego de Quesada se excusaba, con que en consejo se le mandó que guiase por parte segura; y Luis Quijada le dijo que por donde no peligrase la persona de don Juan; que él no sabía cómo cumplir su comisión más a la letra que guiando siempre cubierto y dos leguas de los enemigos. Tuvo la toma de Güéjar más nombre lejos que cerca, más congratulaciones, que enemigos. Volvieron la misma noche a Granada don Juan, y el duque de Sesa; mandó quedar a don Juan de Mendoza en Güéjar con gruesa guardia por algunos días, y después a don Juan de Alarcón con las banderas de su cargo; dende a pocos días a don Francisco de Mendoza, reparado y trincherado un fuerte, pero con poca gente. Decían que si cuando los moros desampararon el lugar y don Juan fue a reconocelle, se hubiera hecho el fuerte (que podía en una noche), y puesto en él una pequeña guardia, como se hizo en Tablate, se salvaran pasadas de tres mil personas, que murieron a manos de los enemigos, mucha pérdida de ganado, reputación y tiempo, el nombre de guerra, desasosiego de noche y día; todo hecho por mano de poca gente.

Dende este día parece que don Juan alumbrado comenzó a pensar en las gracias de victoria tan fácil, y buscadas las causas para conseguilla, hacer y proveer por su persona lo que se ofrecía, con mayor beneficio y más breve despacho. Extendiose por España la fama de su ida sobre Galera y moviose la nobleza della con tanto calor, que fue necesario dar el rey a entender que no era con su voluntad ir caballeros sin licencia a servir en aquella empresa. Enviaron las ciudades nueva gente de a pie y de a caballo; crecieron algunas que no tenían proprios los precios a las vituallas para gastos de la guerra; otras entre cinco vecinos mantenían un soldado. Entraron el tiempo que duró la masa pasadas de ciento y veinte banderas con capitanes naturales de sus pueblos, personas calificadas, sin la gente que vino al sueldo pagado por el rey, que fue la tercia parte: tanta reputación pudo dar a los enemigos la voluntad de venganza. Mandó don Juan, que ya era señor de sí mismo y de todo, que una parte de la masa se hiciese en el mismo campo del marqués de Vélez, pasando la gente por Guadix; y otra pasando por Granada en las Albuñuelas, donde estuviese don Juan de Mendoza a recogella y hacer provisión de vitualla. Ordenó que el duque de Sesa quedase su lugarteniente en Granada, pasase a posar en el mismo aposento que él tenía en la cancillería, y que formado su campo, partiese por Órgiba contra el Alpujarra, a un mismo tiempo que él para Galera, por divertir las fuerzas de los enemigos.

Mas Abdalá Abenabó, indignado del suceso de Güéjar, quiso recompensar la fortuna y la reputación, procurando ocupar algún lugar de nombre en la costa. Escogió tres mil hombres, y en un tiempo con escalas y como pudo acometieron de noche a Almuñécar, que los antiguos llamaban Manoba y a Salobreña, que llamaban Selambina; pero el capitán de Almuñécar resistió retenidamente por ser de noche, y con algún daño de los enemigos, que dejando las escalas se acogieron a la sierra, donde corrían de continuo la comarca; lo mismo hicieron los que iban a Salobreña, que, rebotados por don Diego Ramírez, alcaide della, con dificultad, por aguardarse con menos gente, se retiraron, juntándose con la compañía. Visto Abenabó que sus empresas le salían inciertas, y que las fuerzas de España se juntaban contra él, envió de nuevo al alcaide Hoceni a Argel, solicitando gente para mantenerse, o navíos para desamparar la tierra y pasarse; y juntamente con él un moro suyo a Constantinopla. Dicen que llegados a Argel hallaron orden del señor de los turcos, para que fuese socorrido.

En el mismo tiempo batía el marqués a Galera con poco efecto, defendíanse los vecinos, y reparaban el daño fácilmente; saltaban algunas veces fuera, y entre ellas, trabando una gruesa escaramuza, cargaron nuestra gente de manera, que matando al capitán León y veinte soldados, cuasi pusieron en rota el cuartel; pero retiráronse cargados sin daño; colgaron de la muralla la cabeza del capitán y otras, y el marqués partió a Güéscar un día por rehacerse de gente; volviendo trajo consigo pocos soldados. Mas don Juan partió de Granada con tres mil infantes y cuatrocientos caballos a juntarse con el marqués; vino a Guadix, que los antiguos llamaban Acci, pueblo en España grande y cabeza de provincia como agora lo es: adoraban los moradores al Sol en forma de piedra redonda y negra; aún hoy en día se hallan por la tierra algunas dellas con rayos en torno. La nobleza y gente de la ciudad han mantenido el lugar, viéndose a menudo con los moros y partiéndose de ellos con ventaja. De Guadix vino de espacio a Baza, que llamaban los antiguos, como los moros Basta, cabeza de una gran partida de la Andalucía, que del nombre de la ciudad decían Bastetania, en que había muchas provincias; y de allí a Güéscar, donde el marqués estaba con su gente, la cual junta con la de la ciudad y tierra hicieron gran recebimiento y salva, mostrando mucha alegría con la venida de don Juan. Solo el marqués salió descontento a recebirle, por ver que había de obedecer, siendo poco antes obedecido y temido. Mas don Juan le recebió con alegre y blando acogimiento, y aunque sintió su disgusto, le saludó y abrazó con mucha serenidad, diciéndole: «Marqués ilustre, vuestra fama con mucha razón os engrandece, y atribuyo a buena suerte haberse ofrecido ocasión de conoceros. Estad cierto que mi autoridad no acortará la vuestra, pues quiero que os entretengáis conmigo y que seáis obedecido de toda mi gente, haciéndolo yo así mismo como hijo vuestro, acatando vuestro valor y canas, y amparándome en todas ocasiones de vuestros consejos». A estas ofertas respondió el marqués por los términos extraños que siempre usó, aunque medido con su grandeza, diciendo: «Yo soy el que más ha deseado conocer de mi rey un tal hermano, y quien más ganara de ser soldado de tan alto príncipe; mas si respondo a lo que siempre profesé, irme quiero a mi casa, pues no conviene a mi edad anciana haber de ser cabo de escuadra». Fue la respuesta muy notada, así de sentenciosa y grave, cuanto aguda, y así el marqués fue breve en su jornada, porque tarde o nunca mudó de consejo. Entró don Juan en consejo sobre lo de Galera, y después de haberla reconocido, se determinó de ir sobre ella y ponerle cerco.

Libro IV

Luego que don Juan salió de Granada, fue a posar el duque en casa del presidente, conforme a la orden que tenía de don Juan. Comenzose a entender en la provisión de vitualla en Guadix, Baza y Cartagena, lugares de Andalucía y la comarca, para proveer el campo de don Juan, y en Granada y su tierra el del duque; pero de espacio y con alguna confusión, por la poca plática y desórdenes de comisarios y tenedores, inclinados todos a hacer ganancias y extorsiones con el rey y particulares; y aunque Francisco Gutiérrez fue parte para atajar la corrupción, no lo era él ni otro para remedialla del todo. Salió el duque de Granada a 21 de hebrero de 1570 quedando por cabeza y gobierno de paz y guerra el presidente; y por ser eclesiástico, quedó don Gabriel de Córdoba para el de guerra y ejecutar lo que el presidente mandase, que daba el nombre; y hacía el oficio de general un consejo formado de tres oidores, auditor general, Francisco Gutiérrez de Cuéllar, el corregidor de Granada; quedaron a la guarda de la ciudad cuatro mil infantes: hacíase con la misma diligencia con el Albaicín despoblado, Güéjar en presidio nuestro, guardada la Vega con las mismas centinelas, las postas, los cuerpos de guarda, los presidios en Cenes y Pinillos, que cuando la Vega estaba sospechosa, el Albaicín lleno de enemigos, Güéjar en su poder; y duró esta costa y recato hasta la vuelta de don Juan, o fuese por olvido, o por otras causas el guardar contra los de dentro y los de fuera. ¡Qué cosa para los curiosos que vieron al señor Antonio de Leiva teniendo sobre sí el campo de la liga, cuarenta mil infantes, nueve mil caballos y la ciudad enemiga; él, con solos siete mil infantes enfrenalla, resistir los enemigos, sitiar el castillo, y al fin tomallo, echar y seguir los enemigos, fuertes, armados, unidos, la flor de Italia soldados y capitanes! Vino al Padul el mismo día que salía de Granada, donde en Acequia se detuvo muchos días esperando gente y vituallas; y haciendo reducto en Acequia y las Albuñuelas para asegurarse las espaldas y asegurar a Granada en un caso contrario o furia de enemigos, y el paso a las escoltas que partiesen de la ciudad a su campo; otro fuerte en las Guájaras, para asegurar aquella tierra y los peñones, donde otra vez los echó el marqués de Mondéjar: y por dar tiempo a don Juan para que juntos entrasen en el río de Almanzora y Alpujarra. Allí le fue a visitar el presidente y dar prisa a su salida; tomó el camino de Órgiba con ocho mil infantes y trescientos y cincuenta caballos. Iban con muchos caballeros de la Andalucía, muchos de Granada, parte con cargos y parte por voluntad. Llegó sin que los enemigos le diesen estorbo, aunque se mostraron pocos y desordenados al paso de Lanjarón y de Cañar.

Mientras el duque se ocupaba en esto, salió don Juan de Austria de Baza con su campo para Galera, adonde puso su cerco enviando a reconocella; y considerando primero el daño que de un castillo que estaba en la parte alta les podía venir, se trató de minalla, y habiendo hecho algunas minas, les pusieron fuego, con que cayó un gran pedazo del muro con muerte de algunos de los moros cercados. Algunos soldados de los nuestros, de ánimos alborotados, arremetieron luego por medio del humo y confusión, sin aguardar tiempo ni orden conviniente, a los cuales siguieron otros muchos y al fin gran parte del ejército, procurando embestir la fortaleza por el destrozo que las minas habían hecho, todo sin hacer efecto, por estar un peñón delante. Los enemigos estaban puestos en arma y haciendo a su salvo mucho daño en los cristianos con muchas rociadas de arcabuces y flechas, sin ser necesaria la puntería, porque no echaban arma que diese en vacío, sin que esto fuese parte para hacer retirar los ánimos obstinados de los soldados, ni ninguna prevención ni diligencia de oficiales y capitanes; tanto que necesitó a don Juan de Austria a ponerse con su persona al remedio del daño, y no con poco peligro de la vida; porque andando con suma diligencia y valor persuadiendo a los soldados que se retirasen, sin olvidarse de las armas, fue herido en el peto con un balazo, que aunque no hizo daño en su persona, escandalizó mucho a todo el campo, particularmente a su ayo Luis Quijada, que nunca le desamparaba, cuyas persuasiones obligaron a don Juan a retirarse, por el inconveniente que se sigue en un ejército del peligro de su general. Mas ordenó al capitán don Pedro de Ríos y Sotomayor que con diligencia hiciese retirar la gente porque no se recibiese más daño; el cual entró por medio de los nuestros con una espada y rodela, a tiempo que se conocía alguna mejoría de nuestra parte, diciendo: «Afuera, soldados, retirarse afuera; que así lo manda nuestro príncipe». Había ya cesado algún tanto el alarido y voces, de suerte que se oían claro las cajas a recoger, y todo junto fue parte para que tuviese fin este asalto tan inadvertido. Aquí se mostró buen caballero don Gaspar de Sámano y Quiñones, porque habiendo con grande esfuerzo y valentía subido de los primeros en el lugar más alto del muro y sustentado con la mano el cuerpo para hacer un salto dentro, le fueron cortados los dedos por un turco que se halló cerca dél: sin que esto le perturbase nada de su valor, echó la otra mano y porfió a salir con su intento y saltar del muro adentro, mas no dándole lugar los enemigos, le fue resistido de manera que dieron con él del muro abajo. No fue parte este daño para que a los nuestros les faltase voluntad de continuarle segunda vez otro día, y así lo pidieron a don Juan; el cual pareciéndole no ser bien poner su gente en más riesgo con tan poco fruto, y tratádose en consejo, mandó que hiciesen un par de minas para que en este tiempo se entretuviesen y descansasen los soldados. Los enemigos, considerando su peligro cercano y la tardanza de socorro, despacharon a Abenabó pidiéndole favor, a lo cual Abenabó cumplió con solas esperanzas, porque la diligencia del duque en lo del Alpujarra, le traía sobre aviso, temeroso y puesto en arma. Acabadas las minas mandó don Juan que se encendiesen la una una hora antes que la otra. Hízose, y la primera rompió catorce brazas de muralla, aunque con poco daño de los cercados, por estar prevenidos en el hecho; y así seguros de más ofensa se opusieron a la defensa de lo que estaba abierto, unos trayendo tierra, madera y fagina para remediarlo, y otros procurando ofender con mucha priesa de tiros continuos: y estando en esto sucedió luego la otra mina, que derribando todo lo de aquella parte hizo gran estrago en los enemigos, y tras esto, cargando la artillería de nuestra parte, se comenzó el asalto muy riguroso; porque no teniendo los moros defensa que los encubriese y amparase, eran forzados a dejar el muro con pérdida de muchas vidas; adonde se mostró buen caballero por su persona don Sancho de Avellaneda, herido del día antes, haciendo muchas muestras de gran valor entre los enemigos, hasta que de un flechazo y una bala todo juntó murió. Siguiose la victoria por nuestra parte hasta que del todo se rindió Galera, sin dejar en ella cosa que la contrastase que todo no lo pasasen a cuchillo. Repartiose el despojo y presa que en ella había, y púsose el lugar a fuego, así por no dejar nido para rebelados, como porque de los cuerpos muertos no resultase alguna corrupción; lo cual todo acabado, ordenó don Juan que el ejército marchase para Baza, adonde fue recebido con mucho regocijo.

Hallábase Abenabó en Andarax, resoluto de dejar al duque el paso de la Alpujarra, combatille los alojamientos, atajarle las escoltas, cierto que la gente cansada, hambrienta, sin ganancia, le dejaría. Éste dicen que fue parecer de los turcos, o que le tuviesen por más seguro, o que hubiesen comenzado a tratar con don Juan de su tornada a Berbería, como lo hicieron, y no quisiesen despertar ocasiones con que se rompiese el tratado. Pero a quien considera la manera que en esta guerra se tuvo de proceder por su parte dende el principio hasta el fin, parecerle hombres que procuraban detenerse, sin hacer jornada, por falta de cabezas y gente diestra, o con esperanza de ser socorridos para conservarse en la tierra, o de armada para irse a Berbería con sus mujeres, hijos y haciendas; y así, teniendo muchas ocasiones, las dejaron perder como irresolutos y poco pláticos. Partió de Órgiba el duque, después de haberse detenido en fortificarla y esperar la entrada de don Juan treinta días, la vuelta de Poqueira; mas Abenabó, teniendo aviso que el duque partía, y que de Granada pasara una gruesa escolta al cargo del capitán Andrés de Mesa, con cuatrocientos soldados de guarda y algunos caballos, púsose delante en el camino que va a Jubiles, por donde el duque había de pasar, haciendo muestra de mucha gente y tener ocupadas las cumbres; trabó una gruesa escaramuza con la arcabucería del duque, haciendo espaldas con cuasi seis mil hombres en cuatro batallas. Reforzó el duque la escaramuza apartando los enemigos con la artillería; y tomó el camino de Poqueira por el rodeo. Los enemigos, creyendo que el duque les tomaba las espaldas, desampararon el sitio; mas en el tiempo que duró la escaramuza, acometieron a la escolta de Andrés de Mesa en la cuesta de Lanjarón, Dali, capitán turco, y el Macox, con mil hombres, y rompiéronla sin matar o cautivar más de quince; solo se ocuparon en derramar vituallas, matar bagajes, escoger y llevar otros cargados; pelearon al principio, pero poco; mataron el caballo a don Pedro de Velasco, que aquel día fue buen caballero y salvose a las ancas de otro. Enviábale el rey a dar prisa en la salida del duque, y llevar relación del campo y mandar lo que se había de hacer. Súpose de un moro a quien cautivaron tres soldados que solo siguieron el campo de Abenabó como su intento solo había sido entretener al duque: pero él luego que entendió el caso de Andrés de Mesa, más por sospechas que por aviso, envió caballería que le hiciese espaldas, y llegaron a tiempo que hicieron provecho en salvar la gente ya rota, y parte de la escolta. Hecho esto se siguió el camino de los aljibes entre Ferreira y río de Cadiar por el de Jubiles, y aquella noche tarde hizo alojamiento en ellos. Tenía la guardia Joaibi con quinientos arcabuceros, que viendo alojar los nuestros tarde y con cansancio, y por esto con alguna desorden, dio en el campo, y túvole en arma gran parte de la noche, llegando hacia el cuerpo de guardia y matando alguna gente desmandada; pero fue resistido sin seguillo, por no dar ocasión a la gente que se desordenase de noche. Dicen que si los enemigos aquella noche cargaran, que se corría peligro, porque la confusión fue grande, y la palabra entre la gente común viles, que mostraba miedo: mas valió el ánimo y la resolución de la gente particular y la provisión del duque enderezada a deshacer los enemigos sin aventurar un día de jornada, en que parecían conformarse Abenabó y él; porque cada uno pensaba deshacer al otro y rompelle con el tiempo y falta de vitualla, y salieron ambos con su pretensión. Envió Abenabó a retirar al Joaibi, siguiendo el parecer de los turcos, y después por bando público mandó, que sin orden suya no se escaramuzase, ni desasosegasen nuestro campo. Vino el duque a Jubiles por el camino de Ferreira, adonde halló el castillo desamparado; y comenzado a reparar, envió a don Luis de Córdoba y a don Luis de Cardona, con cada mil infantes y ciento y cincuenta caballos, que corriesen la tierra a una y otra parte, pero no hallaron sino algunas mujeres y niños; y llegó a Ujíjar, sin dejar los moros de mostrarse a la retaguardia, y de allí sin estorbo a Valor, donde se alojaron.

Salió don Juan de Baza la vuelta de Serón con intento de combatilla, y llegando con su campo a vista de Caniles, recibió cartas del duque pidiéndole con grande instancia la brevedad de su venida, proponiéndole ser toda la importancia para que hubiese fin la guerra del Alpujarra, dando por último remedio que se juntasen los dos campos y cogiesen en medio a Abenabó. Pareciéndole a don Juan éste buen medio, sin más detenerse, caminó la vuelta del campo del duque, y marchando el suyo, llegaron a vista de Serón, donde algunos pocos soldados desmandados viendo los moros tan puestos en defensa, no lo pudiendo sufrir, se movieron a quererlos combatir, contra el presupuesto de don Juan, diciendo en alta voz: «Nuestro príncipe piensa vanamente, si pretende pasar de aquí sin castigar esta desvergüenza»; y diciendo: «Cierra, cierra, Santiago y a ellos», los siguieron otros muchos incitados de su ejemplo, y tras ellos toda la demás gente sin que valiese ninguna resistencia; y sin más autoridad ni orden embistieron el lugar con tan grande ímpetu, que aunque salieron los moros de Tíjola, no fue parte para que dejasen de allanar el lugar del primer asalto, y le metiesen a saco-mano; aunque no les salió a algunos tan barata esta jornada, la cual lo poco que duró fue bien reñida, adonde entre otros fue herido Luis Quijada de un peligroso balazo que le quitó la vida con grande sentimiento de don Juan, conforme al mucho amor que le tenía. No tuvo aun cuasi lugar don Juan de atender a este sentimiento, provocado de mil moros que se metieron en Serón, y le dieron ocasión de más batalla; y no la rehusando, volvió sobre ellos con deseo de acabar esta ocasión por acudir a las cosas del Alpujarra, lo cual hizo después de algunas dificultades livianas con un asalto que fue el remate desta victoria. Este día se señaló don Lope de Acuña, mostrando bien el gran ser de que siempre estuvo acompañado en muchas ocasiones.

Abenabó, visto que el duque de Sesa estaba en el corazón de la Al-pujarra, repartió su campo y la gente de vecinos que traía consigo; puso ochocientos hombres entre el duque y Órgiba, para estorbar las escoltas de Granada; envió mil con Mojájar a la sierra de Gador, y a lo de Andarax, Adra y tierra de Almería: seiscientos con Garral a la sierra de Bentomiz, de donde había salido don Antonio de Luna, dejando proveído el fuerte de Competa, para correr tierra de Vélez; envió parte de su gente a la Sierra Nevada y el Puntal que corriesen lo de Granada; quedó él con cuatro mil arcabuceros y ballesteros, y de estos traía los dos mil sobre el campo del duque, que con la pérdida de la escolta estaba en necesidad de mantenimientos: pero entretúvose con fruta seca, pescado, y aceite, y algún refresco que Pedro Verdugo le enviaba de Málaga, hasta que viendo por todas partes ocupados los pasos, mandó al marqués de la Favara, que con mil hombres y cien caba-llos y gran número de bagajes atravesase el puerto de la Ravaha, y cargase de vitualla en la Calahorra (porque fuese dos veces nombrada con hambre y hierro en daño nuestro), adonde había hecha provisión, y tan poco camino, que en un día se podía ir y venir. Dicen que el marqués rehusó la gente que se le daba, por ser la que vino de Sevilla, pero no la jornada; y siendo asegu-rado que fuese cual convenía, partió antes de amanecer con las compañías de Sevilla y sesenta caballos de retaguardia, y él con trescientos infantes y cuarenta caballos de vanguardia; los embarazos de bagajes y bagajeros, enfermos, esclavos en medio, la escolta guarnecida de una y otra parte con arcabucería. Mas porque parece que en la gente de Sevilla se pone mácula, siendo de las más calificadas ciudades que hay en el mundo, hase de entender, que en ella como en todas las otras se juntan tres suertes de personas: unas naturales y éstos cuasi así la nobleza como el pueblo son discretos, animosos, ricos, atienden a vivir con sus haciendas o de sus manos; pocos salen a buscar su vida fuera, por estar en casa bien acomodados; hay también estranjeros, a quien el trato de las Indias, la grandeza de la ciudad, la ocasión de ganancia ha hecho naturales, bien ocupados en sus negocios, sin salir a otros; mas los hombres forasteros que de otras partes se juntan al nombre de las armadas, al concurso de las riquezas; gente ociosa, corrillera, pendenciera, tahura, hacen de las mujeres públicas ganancia particular, movida por el humo de las viandas; éstos, como se mueven por el dinero que se da de mano a mano, por el sonido de las cajas, listas de las banderas; así fácilmente las desamparan, con el temor dellas en cualquiera necesidad apretada, y a veces por voluntad: tal era la gente que salió en guardia de aquella escolta. El marqués, sin noticia de los enemigos ni de la tierra, sin ocupar lugares ventajosos, y confiado que la retaguardia haría lo mismo, como quien llevaba en el ánimo la necesidad en que dejaba el campo, y no que la diligencia fuera de tiempo es por la mayor parte dañosa; comenzó a caminar aprisa con la vanguardia; pero los últimos que aun sin impedimento suelen de suyo detenerse y hacer cola, porque el delantero no espera, y estorba a los que le siguen, y el postrero es estorbado y espera; abrieron mucho espacio entre sí, y la escolta hizo lo mismo entre sí y la vanguardia. Mas Abenabó, incierto por donde caminaría tanto número de gente, mandó al alcaide Alarabi, a cuyo cargo estaba la tierra del Cenete, que siguiese con quinientos hombres (Cenete llaman aquella provincia, o por ser áspera o por haber sido poblada de los Cenetes, uno de cinco linajes alárabes que conquistaron a África y pasaron en España, que es lo más cierto). Partió el Alarabi su gente en tres partes: él con cien hombres quiso dar en la escolta; al Piceni de Güéjar, con doscientos, ordenó que acometiese la retaguardia por la frente, y al Martel del Cenete, con otros doscientos, la rezaga de la vanguardia, entrando entre la escolta y ella, al tiempo que él diese en la escolta;

y en caso que no le viesen cargar con toda la gente, que estuviesen quedos y emboscados, dejándola pasar. Los nuestros, parándose a robar pocas vacas y mujeres, que por ventura los enemigos habían soltado para dividirlos y desordenarlos, fueron acometidos del Alarabi con solos cuatro arcabuceros por la escolta, cargados de otros treinta que les hacían espaldas, y puestos en confusión; tras esto cargó el resto de la gente del Alarabi, que rompió del todo la escolta, sin hacer resistencia los que iban a la defensa. Dio el Piceni en la caballería, que era de retaguardia, la cual rompió, y ella la infantería; lo mismo hizo Martel con los últimos de la vanguardia del marqués al arroyo de Vayárzal, lo uno y lo otro tan callando, que no se sintió voz ni palabra. Iba el Piceni ejecutando la retaguardia de manera, que parecía a los nuestros que lo vían ir ejecutando al Martel. Siguieron este alcance sin volver la caballería, ni rehacerse la infantería hasta cerca de la Calahorra, todos a una, matando el Alarabi enfermos y bagajeros, y desviando bagajes; llegó el arma, con el silencio y miedo de los nuestros, al marqués tan tarde, que no pudo remediar el inconveniente, aunque con veinte caballos y algunos arcabuceros procuró llegar; murieron muchos enfermos que iban en la escolta, muchos de los moros y bagajeros, entre éstos y soldados cuasi mil personas: quitaron setenta moriscas cautivas, y lleváronse más de trescientas bestias sin las que mataron; cautivaron quince hombres, no perdieron uno: aconteció esta desgracia en 16 de abril (1570). Llevó el marqués las sobras de la gente rota, y lo demás de lo que pudo salvar a la Calahorra, y reformándose de gente en Guadix, salió adonde estaba don Juan. Los enemigos, habiendo puesto la presa en cobro, quedaron seis días en el paso y por la sierra.

Mas el duque, entendiendo la desgracia, y el poco aparejo de proveerse por la parte de Guadix, fiando poco de la gente, quiso acercarse más a la mar por haber vitualla de Málaga; y por ser el abril entrado, y dar el gasto a los panes, quitar a los enemigos el paso para Berbería, vino a Berja ya después de haber talado la cogida en el Alpujarra; y hizo lo mismo en el campo de Dalias, donde tenían sus esperanzas de cebada y grano. Al alojar en Berja hubo una pequeña escaramuza, en que murieron de los nuestros algunos; de los moros según ellos cuarenta. Mas la hambre y poca ganancia, y el trabajo de la guerra, y la costumbre de servir a su voluntad y no a la de quien los manda, pudo con los soldados tanto, que sin respeto de que hubiesen sido bien tratados de palabra, y ayudados de obra, con dinero, con vitualla, quitando lo uno y lo otro a la gente de su casa, y a veces a su persona, se desranchaban, como habían hecho con el marqués de Vélez; pero acostumbrado a ver y sufrir semejantes vueltas en los soldados, vino de Berja a Adra, donde tuvo más vitualla, aunque no más sosiego con la gente: parecíales desacato culparle, y volvíanse contra don Juan de Mendoza, y decían palabras sin causa; acriminábanle la muerte de un soldado de quien hizo justicia como juez, porque debía ser loado; amenazaban, protestaban de no quedar a su gobierno; excusábanse de don Juan que ya andaba entre ellos recatado: no dejaban de poner bolatines (llaman ellos bolatines las cédulas que de noche esparcen con las quejas contra sus cabezas cuando andan en celo para amotinarse, en que declaran su ánimo, y mueven los no determinados con quejas y causas de sus cabezas); saliéronse de Adra trescientos arcabuceros, o fuese, según ellos publicaban, haciendo escolta a un correo; y dando en los enemigos fueron los doscientos y treinta muertos por el alcaide Alarabi y el Mojájar, y cautivos setenta: no se supo más de lo que los moros refieren, y que entendiendo de uno de los cautivos como nuestro campo había desalojado de Ujíjar con pérdida y desorden, y dejado municiones escondidas, sacaron de un aljibe cantidad de plomo, municiones y embarazos. En el mismo tiempo mataron los moros, que Abenabó enviaba la vuelta de Bentomiz, gente de sus casas que iban a Salobreña, y entre ellos mercaderes italianos y españoles, tomándoles el dinero; y los que envió hacia Granada cautivaron peleando con muchas heridas a don Diego Osorio, que venía de con despachos del rey para don Juan y el duque, en que se trataba la resolución de la guerra, y concierto que se había platicado con los moros y turcos por mano del Habaqui; matáronle veinte arcabuceros de escolta, y él tuvo manera como soltarse; y aunque herido, vino sin las cartas a Adra.

Ya don Juan trataba con calor la reducción de los moros, y la ida de los turcos a Berbería; mas algunos de los ministros, o que les pareciese hacer su parte, y prevenir las gracias a don Juan, o que más fácilmente se podía acabar, cuanto por más partes se tratase con ellos, metiéronse a platicar de conciertos (dicen que algunos sobresanadamente), y dejaban de condenar la manera del trato que don Juan traía, holgando que se publicasen por concedidas las condiciones que los enemigos pedían, aunque exorbitantes. Por otra parte en Granada, cuanto a la guerra se procedía con toda seguridad en el gobierno del presidente; pero cuanto a la paz, con licencia, en el tratamiento que se hacía a los moriscos reducidos, y que venían a reducirse, y poniendo algunos impedimentos, y mostrando celos de don Alonso Venegas, enviaban moriscos a toda Castilla: sacaban los ministros muchos para galeras, denostaban a los que se iban a rendir, y por livianas causas los daban por cautivos, su ropa perdida; trataban del encierro como perjudicial, ayudábanse por vías indirectas del cabildo de la ciudad que estaba oprimido y sujeto a la voluntad de pocos, todo en ocasión de estorbo; no dando cuenta particular a don Juan para que él la diese al rey, haciendo cabeza de sí mismos, escribiendo primero por su parte con palabras sobresanadas, tocaban a veces en su autoridad, o fuese (según el pueblo) para que las armas no les saliesen de las manos, o ambiciones de su opinión, por excluir toda manera de medios, que no fuese sangre, ofendidos que pasase algo sin darles cuenta particular. Los efectos manifiestos daban licencia para que fuesen juzgados diversamente, y todos en daño del negocio; y aun añadían que estando el rey en Córdoba, no faltaba atrevimiento para escribir trocadamente, y hacer negociación del estorbo, sospechando él alguna cosa: atrevimiento que suele acontecer a los que andan por las Indias, con los que dende España los gobiernan; por donde hay más que maravillar de la disimulación que los reyes tienen cuando siguen sus pretensiones, que pasan por los estorbos sin dar a entender que son ofendidos.

Tenía el duque avisos, ansí por espías como por cartas tomadas, que los turcos se armaban para socorrer a Abenabó, por la parte de Castil de Ferro, aunque pequeño, a propósito para desembarcar gente, y por el aparejo de la Rambla juntarse seguramente con los enemigos. Parecíale que si esto se hacía, deshaciéndose por horas de su gente, podía ser ofendido, o a lo menos encerrado con poca reputación nuestra y mucha de ellos. Acordó combatir aquella plaza, y los enemigos si viniesen a socorrerla, y trujo por mar de Almería piezas de batir, púsose sobre ella, repartió los cuarteles, vinieron las galeras en ayuda y para impedir el socorro de Argel, encomendó la batería al marqués de la Favara, que puso diligencia en asentarla. Llegose y combatió por mar con las galeras, y por tierra con tanta prisa, que abrió portillo para batalla. Murieron dentro algunos con la artillería, y entre los principales Leandro, a cuyo cargo estaba el castillo, sin otro daño nuestro más del poco que sus piezas hicieron en una galera. Los soldados turcos y moros, que estaban a la defensa, que eran cincuenta y dos, desconfiados del socorro de Berbería, sus armas en las manos y una mujer consigo, salieron por la batería y nuestras centinelas, con la oscuridad de la noche y confusión de la arma, guiándolos Mevaebal, su capitán, que dos días antes había entrado. Es fama que de los nuestros procedió, que de ellos murieron doce, pero no se vieron en nuestro campo, y refieren los moros que todos llegaron al de Abenabó, algunos de ellos heridos. Desamparado Castil de Ferro envió por la mañana a don Juan de Mendoza y al marqués de la Favara y otros, que se apoderasen dél. Hallaron dentro algunos viejos y berberíes, y turcos mercaderes, hasta veinte hombres, y diez y siete mujeres de moriscos que las tenían para embarcar; alguna ropa, veinte quintales de bizcocho, y la artillería que antes estaba en el castillo, poca y ruín. Entendiose por uno de estos moros que estándole batiendo llegaron catorce galeras de turcos con socorro, y se tornaron oyendo el ruido de la artillería. Sonó la toma de Castil de Ferro, tanto por el aparejo y la importancia del sitio, por haber sido perdido y recuperado, por ser en ocasión que los enemigos venían a darle socorro, cuanto por la calidad del hecho.

En el mismo tiempo envió don Juan a don Antonio de Luna con mil y quinientos infantes de la tierra, las compañías del duque de Sesa y Alcalá, y la caballería de los duques de Medina Sidonia y Arcos, para que asegurase la tierra de Vélez Málaga contra los que en Frexiliana se habían recogido. Salió de Antequera con esta gente, mas con poco trabajo, escaramuzando a veces, unas con ventaja suya, otras de los moros, comenzó un fuerte en Competa, legua y media de Frexiliana, lugar que fue donde antiguamente se juntaban de la comarca en una feria, y por esto le llamaban los romanos Compita, agora piedras y cimientos viejos, como quedaron muchos en el reino de Granada: otro hizo en el Saliar; y con haber enviado mil hombres a correr el río de Chíllar, y tornado con poca presa y pérdida igual, dejando en los fuertes cada dos compañías, volvió la gente a Antequera, y él a su casa con licencia. Recogiose el duque con su campo en Adra, esperando en que pararía la plática que se traía con el Habaqui, donde fue proveído de Málaga por Pedro Verdugo bastantemente y con algún regalo. Pasaban seguras las escoltas de su campo al de don Juan; pero los soldados gente libre y disoluta, a quien por entonces la falta de pagas y vitualla había dado más licencia, y quitado a los ministros el aparejo de castigarlos, estaban con igual descontentamiento en la abundancia que en la hambre; huían como y por donde, y siempre que podían; de tantas compañías quedaron solos mil y quinientos hombres, los más de ellos particulares y caballeros que seguían al duque por amistad; con ellos mantenía y aseguraba mar y tierra. Tornó el rey a Córdoba por Jaén y por Úbeda y Baeza, remitiendo la conclusión de las cortes para Madrid, donde llegó.

No era negocio de menos importancia y peligro lo de la sierra de Ronda, porque estaba cubierto, y los ánimos de los moriscos con la misma indignación que los de la Alpujarra, y río de Almería y Almanzora: montaña áspera y difícil, de pasos estrechos, rotos en muchas partes, o atajados con piedras mal puestas, y árboles cortados y atravesados, aparejos de gente prevenida. El consejo más seguro pareció al rey antes que se acabasen de declarar, asegurarse, sacándolos fuera de la tierra con sus familias, como a los demás. Para esto mandó a don Juan que enviase a don Antonio de Luna con la gente que le pareciese, y que por halagos y con palabras blandas, sin hacerles fuerza ni agravio, o darles ocasión de tomar las armas, los pusiese en tierra de Castilla adentro, enviando con ellos guarda bastante. Recibida la orden de don Juan partió don Antonio de Antequera a 20 de mayo (1570), llevando consigo dos mil y quinientos infantes de guarda de aquella ciudad, y cincuenta caballos. Era toda la gente que don Antonio sacó de Ronda cuatro mil y quinientos infantes, y ciento y diez caballos. El día que partió envió a Pedro Bermúdez, a quien el rey había enviado a la guardia de aquella ciudad, para que con quinientos infantes en Jubrique, pueblo de importancia y lugar a propósito, estuviese haciendo espaldas a los que habían de sacar los moriscos; juntamente repartió las compañías por otros lugares de la tierra, dándoles orden que en una hora todos a un tiempo comenzasen a sacar los moros de sus casas. Partieron el Sol levantado a las ocho horas de la mañana. Mas los moros, que estaban sospechosos y recatados, como descubrieron nuestra gente, subiéronse con sus armas a la montaña, desamparando casas, mujeres, hijos, y ganados; comenzaron a robar los sol-

144

dados, como es costumbre, cargarse de ropa, hacer esclavos toda manera de gente, hiriendo, matando sin diferencia a quien daba alguna manera de estorbo. Vista por los moros la desorden, bajaban por la sierra, mataban los soldados, que codiciosos y embebidos con el robo desampararon la defensa de sí mismos y de sus banderas: iba esta desorden creciendo con la oscuridad de la noche; mas Pedro Bermúdez, hombre usado en la guerra, dejando alguna gente en la iglesia de Jubrique a la guarda de las mujeres, niños y viejos, que allí tenía recogidos, escogió fuera del lugar sitio fuerte donde se recogiese; entraron los moros en el lugar, y combatiendo la iglesia, sacaron los que en ella estaban encerrados, quemándola con los soldados sin que pudiesen ser socorridos: luego acometieron a Pedro Bermúdez, que perdió cuarenta hombres en el combate, y hubo algunos heridos de una y otra parte; y con tanto, se acogieron los enemigos a la sierra.

Vista por don Antonio la desorden y lo poco que se había hecho, retiró las banderas con hasta mil y doscientas personas; pero con muchos esclavos y esclavas, ropa y ganado en poder de los soldados, sin ser parte para estorbarlo: recogiose a Ronda, donde y en la comarca la gente públicamente vendía la presa, como si fuera ganada de enemigos. Deshízose todo aquel pequeño campo, como suelen los hombres que han hecho ganancia y temen por ello castigo; pues enviando la gente que sacó de Antequera a sus aposentos, y cuasi las mil y doscientas personas a Castilla sin hacer más efecto, partió para Sevilla a dar al rey cuenta del suceso. Cargaban a don Antonio los de Ronda y los moros juntamente: los de Ronda, que habiendo de amanecer sobre los lugares, había sacado la gente a las ocho del día y que la había dividido en muchas partes; que había dado confusa la orden dejando libertad a los capitanes; los moros, que les habían quebrantado la seguridad y palabra del rey que tenían como por religión o vínculo inviolable; que estando resueltos de obedecer a los mandamientos de su señor natural, les habían por este acatamiento y sacrificio que hacían de sus casas, mujeres y hijos, y de sí mismos, robado y dejado por hacienda y libertad, las armas que tenían en las manos, y la aspereza y esterilidad de la montaña, donde por salvar las vidas se habían acogido, aparejados a dejarlo todo, si les restituían las mujeres y hijos, y viejos cautivos, y ropa que con mediana diligencia pudiese cobrarse. Había tantos interesados, que por solo esto fueron tenidos por enemigos; no embargante que se hallase haberse movido provocados y en defensión de sus vidas. Excusábase don Antonio con haber repartido la gente como convenía por tierra áspera y no conocida; poderse caminar mal de noche; que repartida la gente, a ciegas, deshilada, fácilmente pudiera ser salteada y oprimida de enemigos avisados, pláticos en los pasos, y cubiertos con la oscuridad de la noche; la gente libre, mal mandada, peor disciplinada, que no conoce capitanes ni oficiales, que aun el sonido de la caja no entendían; sin orden, sin señal de guerra, solamente atentos al regalo de sus casas y al robo de las ajenas: fueron admitidas las razones de don Antonio por ser caballero de verdad y de crédito, y dada toda la culpa a la desorden de la gente, confirmada ya con muchos sucesos en daño suyo.

Ido don Antonio, salió la gente de la comarca, cristianos viejos, a robar por los lugares, mujeres, niños, ganados; sobras de la de don Antonio, que fue, como he dicho, creído, por tenerse buen crédito de su persona, y por no tenerse bueno por entonces de los soldados en común. Mas los enemigos, persuadidos de los que habían huido de la Alpujarra, y libres de todos los embarazos, despojados de lo que se suele querer bien y dar cuidado, comenzaron a hacer la guerra descubiertamente, recoger las mujeres, hijos, y vitualla que les había quedado; fortificarse en Sierra Bermeja y Sierra de Istán; tomar la mar a las espaldas para recibir socorro de Berbería, y bajar hasta las puertas de Ronda; desasosegar la tierra, robar ganados, cautivar, matar labradores, no como salteadores, sino como enemigos declarados. Estaba, como tengo dicho, a la sazón el rey don Felipe en Sevilla, suplicado por la ciudad, que viniese a recibir en ella servicio.

Sevilla es en nuestro tiempo de las célebres, ricas, y populosas ciudades del mundo; concurren a ella mercaderes de todo poniente, especialmente del Nuevo Mundo que llamamos Indias, con oro, plata, piedras, esmeraldas, poco menores que las que maravillaba la antigüedad en tiempo de los reyes de Egipto, pero en gran abundancia, cueros y azúcar, y la yerba que sucede en lugar de púrpura, o por usar del vocablo arábigo y común, carmesí (cochinilla la llaman los indios, donde ella se cría). Fue Sevilla la segunda escala que pobladores de España hicieron, cuando con el gran rey y capitán Baco (a quien llamaban Líbero por otro nombre), vinieron a conquistar el mundo. La ocasión nos convida tratando de tan gran ciudad, a declarar nuestra opinión, como en cosa tan dudosa por su antigüedad, acerca de la fundación de ella y del nombre de toda España. Dese la autoridad a los escritores y el crédito a las conjeturas. Marco Varrón, autor gravísimo, y diligente en buscar los principios de los pueblos, dice, según Plinio refiere, que en España vinieron los persas, íberos y fenices, todas naciones de oriente, con Baco. Por éste se entiende también haber sido hecha la empresa de la India, según los escritos de Nono, poeta griego, que compuso de los hechos de Baco, y llamó Dionisiaca, porque se llamaba, demás del nombre de Baco y Líbero, Dionisio. Dice también Salustio en sus historias haber él mismo pasado en Berbería, y dado principio a muchas naciones. Con este Baco vinieron capitanes hombres señalados, y mujeres que celebraban su nombre, uno de los cuales se llamó Luso; y una de las mujeres Lissa, que dice el mismo Marco Varrón haber dado el nombre a la parte de Portugal, que antiguamente llamaban Lusitania. Tuvo Baco un lugarteniente que dijeron Pan, hombre áspero y rústico, a quien la antigüedad honró por dios de los pastores, o quizá eran conformes en el nombre; pero por intervenir en las procesiones o fiestas de Baco el Pan, se puede creer ser el mismo: este Pan, dice Varrón, que dio nombre a toda España, y lo mismo Appiano Alejandrino en sus historias, en el libro que llaman Español, y en griego Iberice. Panios quiere decir cosa de Pan; y el hi, que tiene delante, dice el artículo, que juntado con el panios, dirá la tierra o provincia de Pan: quedó a los españoles el vocablo griego, ni más ni menos que los griegos lo pronuncian, ambiciosos de dar nombre en su lengua a las naciones hispánicas; y pronunciámoslo nosotros España: de aquí vino a decirse que Hispan, o el Pan que los griegos llaman lugarteniente, fue sobrino de Hércules y que dio el nombre a España. Lo cierto es que Baco dejó por aquella comarca lugares del nombre de los que le seguían; y que dos veces vino el que llamaron Hércules, o fuesen dos Hércules en aquella parte de España. El nombre pudo venir a Sevilla de haber sido poblada, cuando la segunda vez Hércules, o fuese Baco, o fuese Hércules tebano vino en España; y si así fue, presupuesto que en la lengua griega palin quiere decir otra vez, y hi la: el nombre de Hispalis querrá decir la de otra vez, porque los griegos son fáciles en acabar en la letra s.

Demás del concurso de mercaderes y extranjeros, moran en Sevilla tanto señores y caballeros principales, como suele haber en un gran reino; entre ellos hay dos Casas ambas venidas del reino de León, ambas de grande autoridad y grande nobleza, y en que unos u otros tiempos no faltaron grandes capitanes; una la Casa de Guzmán, duques de Medina Sidonia, que en tiempo antiguo fue población de los de Tiro, poco después de poblada Cádiz, destruida por los griegos y gente de la tierra, y restaurada por los moros según el nombre lo muestra; porque en su lengua medina quiere decir lo que en la nuestra, puebla; como si dijésemos la Puebla de Sidonia: este linaje moró gran tiempo en las montañas de León, y vinieron con el rey don Alonso el Sexto a la conquista de Toledo, y de allí con el rey don Fernando el Tercero a la de Sevilla, dejando un lugar de su nombre, de donde tomaron el nombre con otros treinta y ocho lugares de que entonces eran ya señores. El fundador de la Casa fue el que, guardando a Tarifa, echó el cuchillo, con que degollaron a su hijo que tenían por hostaje, por no rendir él la tierra a los moros. La otra casa es de los Ponces de León, descendientes del conde Hernán Ponce que murió en el portillo de León, cuando Almanzor, rey de Córdoba, la tomó: dicen traer su origen de los romanos que poblaron a León, y su nombre de la misma ciudad; duques en otro tiempo de Cádiz hasta el que escaló a Alhama, y dio principio a la guerra de Granada, y después que sus nietos fueron en tutorías despojados del estado por los reyes don Fernando y doña Isabel, se llamaron duques de Arcos, que los antiguos españoles decían Arcobrica, población de las primeras de España, antes que viniesen los de Tiro a poblar Cádiz. Los señores de aquestas dos Casas siempre fueron émulos en aquella ciudad, y aun cabezas a quien se arrimaban otras muchas de la Andalucía: de la de Medina era señor don Alonso de Guzmán, mozo de grandes esperanzas; de la de Arcos don Luis Ponce de León, hombre que en la empresa de Durlan había seguido sin sueldo las banderas del rey don Felipe, inclinado y atento a la arte de la guerra: a estos dos grandes encomendó el rey el sosiego y pacificación de la sierra de Ronda, por tener a ella vecinos sus estados. Grandes llaman en España los señores a quien el rey manda cubrir la cabeza, sentar en actos y lugares públicos, y la Reina se levanta del estrado a recibir a ellos y a sus mujeres, y les manda dar por honra cojín en que se sienten, ceremonias que van y vienen con los tiempos y voluntades de los príncipes; pero firmes en España en solas doce Casas, entre las cuales estas dos son y fueron de grande autoridad. Después que creció el favor y la riqueza, por merced de los reyes han acrecentádose muchas. Dio poder el rey a estos dos príncipes para que en su nombre concertasen y recogiesen los moriscos y les volviesen las mujeres, hijos y muebles, y los enviasen por España la tierra adentro, pues no habían sido partícipes en la rebelión, y lo sucedido había sido más por culpa de ministros que por la suya. Tenía el duque de Arcos una parte de su estado en la serranía de Ronda, que hubo su Casa por desigual recompensa de Cádiz, en tiempo de tutorías; pareciole por aprovechar llegarse a Casares, lugar suyo, y dende más cerca tratar con los moros; envió una lengua que fue y volvió no sin peligro; lo que trajo es, que a ellos les pesaba de lo acontecido; que por personas suyas vendrían a tratar con el duque, donde y como él mandase, y se reducirían y harían lo que se les ordenase con ciertas condiciones. Esto afirmaron en nombre de todos el Alarabique y el Ataifar, hombres de gran autoridad y por quien ellos se gobernaban; bajó el Alarabique y el Ataifar a una ermita fuera de Casares, y con ellos una persona en nombre de cada pueblo de los levantados. Mas el duque por escandalizarlos menos, y mostrar confianza, vino con pocos; osadía de que suelen suceder inconvenientes a las personas de tanta calidad. Hableslos, persuadioles con eficacia, y ellos respondieron lo mismo, dando firmados sus capítulos; y con decir que daría aviso al rey, se partió de ellos; mas antes que la respuesta del rey volviese, le vino mandamiento, que juntando la gente de las ciudades de la Andalucía vecinas a Ronda, estuviese a punto para hacer la guerra, en caso que los moros no se quisiesen reducir; mandó apercibir la gente de la Andalucía y de los señores della, de a pie y de a caballo, con vitualla para quince días, que era lo que parecía que bastase para dar fin a esta guerra. En el entretanto que la gente se juntaba, le vino voluntad de ver y reconocer el fuerte de Calalui, en Sierra Bermeja, que los moros llaman Gebalhamar, a donde en tiempos pasados se perdieron don Alonso de Aguilar, y el conde Ureña; don Alonso señalado capitán y ambos grandes príncipes entre los andaluces; el de Ureña abuelo suyo de parte de su padre; y don Alonso bisabuelo de su mujer. Salió de Casares descubriendo y asegurando los pasos de la montaña; provisión necesaria por la poca seguridad en acontecimientos de guerra y poca certeza de la fortuna. Comenzaron a subir la sierra, donde se decía que los cuerpos habían quedado sin sepultura; triste y aborrecible vista y memoria. Había entre los que miraban nietos y descendientes de los muertos, o personas que por oídas conocían ya los lugares desdichados. Lo primero dieron en la parte donde paró la vanguardia con su capitán por la oscuridad de la noche, lugar harto extendido y sin más fortificación que la natural, entre el pie de la montaña y el alojamiento de los moros: blanqueaban calaveras de hombres y huesos de caballos amontonados, desparcidos, según, como y donde habían parado; pedazos de armas, frenos, despojos de jaeces; vieron más adelante el fuerte de los enemigos, cuyas señales parecían pocas y bajas y aportilladas; iban señalando los pláticos de la tierra dónde habían caído oficiales, capitanes y gente particular; referían cómo y dónde se salvaron los que quedaron vivos, y entre ellos el conde de Ureña, y don Pedro de Aguilar, hijo mayor de don Alonso; en qué lugar y dónde se retrajo don Alonso y se defendía entre dos peñas; la herida que el Feri, cabeza de los moros, le dio primero en la cabeza y después en el pecho, con que cayó; las palabras que le dijo andando a brazos: «¡Yo soy don Alonso!»; las que el Feri le respondió cuando le hería: «Tú eres don Alonso, mas yo soy el Feri de Benastepar»; y que no fueron tan desdichadas las heridas que dio don Alonso como las que recibió. Lloráronle amigos y enemigos, y en aquel punto renovaron los soldados el sentimiento; gente desagradecida, sino en las lágrimas. Mandó el general hacer memoria por los muertos, y rogaron los soldados que estaban presentes que reposasen en paz, inciertos si rogaban por deudos o por extraños; y esto les acrecentó la ira y el deseo de hallar gente contra quien tomar venganza.

Vista la importancia del lugar si los enemigos le ocupasen, envió dende a poco el duque una bandera de infantería que entrase en el fuerte y lo guardase. Vino en este tiempo resolución del rey que concedía a los moros cuasi todo lo que le pedían que tocaba al provecho de ellos, y comenzaron algunos a reducirse, pero con pocas armas, diciendo que los que en su campo quedaban no se las dejaban traer. Había entre los moros uno, llamado el Melqui, hombre atrevido y escandaloso, imputado de herejía, y suelto de las cárceles de la Inquisición, ido y vuelto a Tetúan: éste, o que le parecía que perdía el crédito de hasta entonces, o que fuese obligado al príncipe de

Tetuán, juntó el pueblo, que ya estaba resoluto a reducirse, disuadiéndole y afirmando lo que con ellos trataba el Alarabique ser engaño y falsedad; haber recibido del duque 9.000 ducados, vendido por precio su tierra, su casta y los hijos, mujeres y personas de su ley; venidas las galeras a Gibraltar, la gente levantada, las cuerdas en las manos a punto, con que los principales habían de ser ahorcados, y el pueblo atado y puesto perpetuamente al remo para sufrir hambre, frío y azotes, y seguir forzados la voluntad de sus enemigos, sin esperanza de otra libertad sino la muerte. Tuvieron estas palabras y la persona tanta fuerza que se persuadió el pueblo ignorante, y tomando las armas hicieron pedazos al Alarabique y a otro compañero suyo berberí, que era de la misma opinión; con esto mudaron de propósito y quedaron más rebeldes que estaban; algunos que quisieran reducirse, estorbados por el Melqui con guardas y espantados con amenazas, dejaron de hacello; los de Benahabiz, lugar de importancia en aquella montaña, enviaron por el perdón del rey con propósito de reducirse: llevolo un moro, llamado el Barcoquí, juntamente con carta del duque para Marbella, y los que guardaban el fuerte de Montemayor, que tuviesen cuenta con él y sus compañeros, acompañándolos hasta dejarlos en lugar seguro; mas la gente o por codicia de algo, si lo llevaban, o por estorbar la reducción, con que cesaría la guerra, hiciéronlo tan al contrario que mataron al Barcoquí: esta desorden mudó a los de Benahabiz, y confirmó la razón del Melqui de manera que no fue parte el castigo que el duque hizo de ahorcar y echar en galeras los culpados para estorbar el motín general. Apercibida la gente, vino el duque a Ronda, donde hizo su masa, y salió con cuatro mil infantes y ciento y cincuenta caballos a ponerse algo más camino que dos leguas de la sierra de Istán, donde los enemigos le esperaban fortificados; lugar asperísimo y dificultoso de subir, las espaldas a la mar; dejando en Ronda a Lope Zapata, hijo de don Luis Ponce, para que en su nombre recogiese y encaminase los moros que viniesen a reducirse. Vinieron pocos o ningunos escandalizados del caso del Barcoquí y espantados, porque en Ronda y en Marbella el pueblo había rompido la salvaguardia del duque y fe del rey, matando cuasi cien moros al salir de los lugares. No le pareció al duque detenerse a hacer el castigo, pero envió por juez al rey, que castigó los culpados como convenía; y él caminó a la Fuenfría, donde se encendió fuego en el campo, que puso en cuidado, o fuese echado por los enemigos o por descuido de alguno; el autor y el fuego cesó por industria y diligencia del duque.

El día siguiente con mil infantes y alguna caballería reconoció el fuerte de los enemigos dende la sierra de Arboto, puesta en frente dél, juntamente con el alojamiento y lugar de la agua; y aunque se mostraron los enemigos algo más abajo fuera de su fuerte, no fueron acometidos; así por ser cerca de la noche, como por esperar a Arévalo de Suazo con la gente de Málaga. Entre tanto puso su guardia en la sierra de Arboto con harta contradicción de los enemigos; porque juntamente acometieron el alojamiento del duque y trabaron una escaramuza tan larga, que duró tres horas, no muy apriesa, pero bien extendida. Eran ochocientos hombres arcabuceros y ballesteros, y algunos con armas enhastadas, mas visto que con dos banderas de arcabuceros les tomarían la cumbre, se retiraron a su fuerte con poco daño de los nuestros y alguno de los suyos. Reforzose la guardia de aquel sitio, por ser de importancia, con otras dos banderas; y era ya llegado Arévalo de Suazo con dos mil infantes de Málaga y cien caballos con que se tomó resolución de combatir los enemigos en su fuerte al otro día. A la parte del norte, que la subida era más difícil, envió el duque a Pedro Bermúdez con ciento y cincuenta infantes, que tomase las dos cumbres que suben al fuerte, con dos banderas de arcabuceros, haciéndoles espaldas con el rostro a la mano derecha Pedro de Mendoza con otra tanta gente y la mesma orden, dejando entre sí y Pedro Bermúdez una parte de la montaña que los moros habían quemado, porque las piedras que dende arriba se tirasen corriesen por más descubierto y con menos estorbo. Arévalo de Suazo con la gente de su cargo se seguía a la mano derecha, y con dos banderas de arcabucería delante; más a mano derecha de Arévalo de Suazo, Luis Ponce de León con seiscientos arcabuceros por un pinar, camino menos embarazado que los otros. El duque escogió para sí con el artillería y caballería y mil y quinientos infantes, el lugar entre Pedro de Mendoza y Arévalo de Suazo, como más desembarazado, así más descubierto; mandó a Pedro de Mendoza con mil infantes y algún número de gastadores, que fuese adelante aderezando los pasos para la caballería y que todos al pasar se cubriesen con la falda de la montaña y quebrada hacia el arroyo, que a un tiempo comenzasen a subir igualmente y a pequeño paso, guardando el aliento para su tiempo; quedaba con esta orden la montaña cercada, sino por la parte de Istán, que no podía con la aspereza recebir gente. Víanse unos a otros, y todos se podían cuasi dar las manos. Quedó resoluto combatir los enemigos otro día a la mañana; mas los moros, viendo que Pedro de Mendoza estaba más desviado y en parte donde no podía con tanta diligencia ser socorrido, acometiéronle al caer de la tarde con poca gente y desmandada, trabando una escaramuza de tiros perdidos. Pedro de Mendoza, confiado de sí mismo, soldado de no mucho tiempo y no tanta experiencia, pudiendo guardar la orden y contentarse con estar quedo y sin peligro, saltó a la escaramuza con demasiado calor. Deshízose la gente por la montaña arriba sin orden, sin guardar unos a otros, y los moros unas veces retirándose, otras reparándose, parecían ir cerrando a los nuestros. Visto el peligro, y no pudiéndolo ya estorbar, Pedro de Mendoza (o fuese recelo o desconfianza de su poca autoridad con la gente, aunque la había tenido para meterla delante), envió a avisar al duque, pero a tiempo que, puesto que hubiese enviado a retirarla tres capitanes, fue necesitado a tomar lo alto para reconocer el lugar. El duque con los que con él se hallaban y los que pudo retirar, atravesó donde estaban los que subían, y valió tanto su autoridad, que la gente desmandada se detuvo, y los moros que ya habían comenzado a desemboscarse y se mostraban a los enemigos, vista la determinación del duque, se recogieron a su fuerte, en ocasión de que estaba cerca la noche, y la gente de Pedro de Mendoza cansada y desordenada, y se temían de algún desastre, especialmente los que traían a la memoria el acontecimiento de don Alonso de Aguilar por los mismos términos.

Hallose el duque tan adelante, que vistas las celadas descubiertas y los moros puestos en orden de cargar a la gente que subía, y que era imposible retirallos todos, quiso aprovecharse de la desorden; y con la gente que traía consigo y la que había recogido, todo a un tiempo acometió a los enemigos, y pegose con el fuerte de manera, que fue de los primeros en entrar. Mas los moros, que no osaron esperar el ímpetu de los nuestros, se descolgaron por lugares de la montaña, que era luenga y continuada; y de allí se repartieron, unos a Ríoverde, otros a la vuelta de Istán; otros a la de Monda, y otros a la de Sierra Blanquilla; dejando de sus mujeres y hijos como cuatrocientas personas; embarazo de guerra, y gente inútil que les comían los bastimentos, quedando más ahorrados para hacer la guerra por aquellas montañas: todavía envió a seguir el alcance con poco fruto, por ser la noche y tierra tan cerrada, él pasó en el fuerte de los enemigos sin ropa, ni vitualla; y visto que todos se habían esparcido, y que la montaña quedaba desamparada, dejó el fuerte; y dando licencia a la gente de Málaga con orden de correr la tierra a una y otra parte, pasó con la resta de su campo a Istán, y envió cuatro compañías sin banderas. El efecto que hicieron las tres, fue quemar dos barcas grandes que tenían fabricadas para pasar a Tetuán; la cuarta con su capitán Morillo, a quien el duque mandó que corriese Ríoverde, no guardando la orden, dio en los enemigos no lejos de Monda, en un cerro que los de la tierra llaman Alborno, a vista de Istán; y seguido y rota la gente, se retiró. Era el lugar tan cerca del campo, que se oyeron los golpes de arcabuces, y con sospecha de lo que podía ser, se ordenó al capitán Pedro de Mendoza socorriese y recogiese la gente; mas llegando a vista de los enemigos, contentose con solo recoger algunos que huían, y estuvo sin pasar adelante, o fuese temiendo alguna emboscada, aunque el lugar era gran trecho descubierto, o arrepentido de la demasiada diligencia del día antes en la sierra de Istán: murió la mayor parte de la compañía y su capitán peleando. El mismo día, los moros que andaban repartidos encontraron con el alcaide de Ronda y capitán Ascanio, que con ciento y cincuenta soldados y otra gente había salido sin orden y sabiduría del duque, como hombres que no estaban a su cargo, matáronlos con la mayor parte de la compañía. El mismo acometimiento hicieron contra un correo, que partió del campo para Granada con escolta de cien soldados, aunque con pérdida de algunos se recogió en Monda. Entendiendo pues el duque que por la sierra andaba cuantidad de moros, envió orden a Arévalo de Suazo que con la gente de Málaga tornase a Monda; y a don Sancho de Leiva general de las galeras de España, que enviase ochocientos infantes de la gente que andaba a su cargo; y a Pedro Bermúdez que viniese con la de Ronda, y él con la que había quedado se vino a esperarlos a Monda: de donde junta la gente partió ahorrado sin estorbos la vuelta de Hojen, y allí le encontró don Alonso de Leiva, hijo de don Sancho, con ochocientos soldados de Galera. Entendíase que los moros esperaban a una legua, y con este presupuesto ordenó el duque a Pedro Bermúdez, que con mil arcabuceros de los de su cargo tomase la mano izquierda, y a don Alonso con la gente que había tenido fuese derecho a Hojen por un monte que dicen el Negral; él con lo demás del campo siguió derecho el Corvachín, tierra de grande aspereza. Con esta orden se llegó a un tiempo al lugar donde los enemigos habían estado, y de allí bajando hasta llegar a vista de la Fuengirola, sin hallar otra cosa sino rastros de gente, y sobras de comida (porque los moros, recelándose que serían descubiertos, se habían esparcido, como es su costumbre y extendido por todas las montañas), dio el duque licencia a don Alonso que tornase a embarcarse; y a Arévalo de Suazo a Málaga, corriendo primero la tierra: él volvió a Monda, y de allí a Marbella. Este lugar es el que los antiguos llaman Barbésola: mas el que agora llamamos Monda, pienso que fue poblado de los habitadores de Monda la vieja, tres leguas más acá, donde parecen señas y muestras más claras de haber sido la antigua Monda, siguiendo los moros que conquistaron a España su antigua costumbre, de pasar los moradores de unos lugares a otros con el nombre del lugar que dejaban. En Ronda y otras partes se ven estatuas, y letreros traídos de Monda la vieja; y en torno della, la campaña, atolladeros, y pantanos en el arroyo de que Hirtio hace memoria en sus historias.

Había ya cumplido la gente de las ciudades y señores el tiempo que eran obligados a servir por el llamamiento, y las aguas hartado la tierra para sembrar: faltaba el provecho de la guerra, por la diligencia que los moros ponían en las guardas por todo, en alzar, y esconder la ropa, mujeres, y niños, en espacirse pocos a pocos en las montañas, y gran parte de ellos pasar a Berbería, donde con cualquier aparejo tenían la traviesa corta y más segura, no podían ser seguidos con ejército formado, y el que había se iba poco a poco deshaciendo. Pareció consejo de necesidad enviar la gente a sus casas, y el duque volver a Ronda, guarnecer los lugares de donde con mayor facilidad los enemigos pudiesen ser perseguidos y echados de la tierra, y andar tras de ellos en cuadrillas, sin dejarlos reformar en alguna parte; mas detuvo la gente de su estado ya diestros y ejercitados, que servían a su costa, sin sueldo, ni raciones, dejó gente en Hojen, Istán, Monda, Tollox, Guaro, Cartagima, Jubrique, y en Ronda cabeza de toda la sierra. Había ya el rey avisado al duque como se determinaba a un tiempo sacar los moros de Granada a poblar Castilla, y que estuviese apercibido para cuando le llegase la orden de don Juan de Austria. Cuando esto pasaba, llegaron las cartas de don Juan en que decía cómo la salida de los moros de todo el reino sería el postrero día de otubre; encomendábale el secreto hasta el día que el bando se publicase, apercibíale para la ejecución en tierra de Ronda; enviábale la patente en blanco para que el duque hinchiese la persona que le pareciese más a propósito.

Echando el bando, mandó recoger en el castillo de Ronda los moros de paces con su ropa, hijos, y mujeres, y en la patente hinchó el nombre de Flores de Benavides, corregidor de Gibraltar, ordenándole con seiscientos hombres de guarda llevar cuasi mil y doscientas personas que serían los reducidos, hasta dejallos en Íllora, para que juntos fuesen a Castilla con otros de la vega de Granada. Era ya entrado el mes de noviembre, con el frío y las aguas en mayor cuantidad. Los enemigos, creyendo que por ir los ríos mayores y las avenidas en las montañas dificultar más los pasos, ellos podían extenderse por la tierra, y nuestra gente ocupada en labrar la suya, se juntaban con dificultad; en todas partes y a todas horas desasosegaban la tierra de Ronda y Marbella, cautivando labradores, llevando ganados, y salteando caminos hasta cuasi las puertas de Ronda: acogíanse en las vertientes de Ríoverde, a quien los antiguos llamaban Barbésola, del nombre de la ciudad que agora llamamos Marbella, y de allí en las cumbres y contorno de Sierra Blanquilla. El duque por el menudear de los avisos, y por excusar los daños, que aunque no fuesen señalados eran continos, por castigar los enemigos que habían en Ríoverde y en la sierra del Alborno muerto nuestra gente; porque de la Alpujarra por una parte, y por otra con la vecindad de Berbería no se criase en aquella montaña nido; determinó rematar la empresa, combatir los enemigos, y desarraigallos o acaballos del todo. Salió de Ronda con mil y quinientos arcabuceros de la guardia della, y gente de señores, y mil de sus vasallos, y con la caballería que pudo juntar improvisamente; mas antes que llegase, entendió por avisos de espías y algunos que se pasaron de los enemigos, que el número poco más o menos era de tres mil; los dos mil de ellos arcabuceros gobernados por el Melqui, hombre entre ellos diligente, animoso, y ofendido, ido y venido a Tetuán; que tenían atajados los pasos con grandes piedras, árboles atravesados; que estaban resolutos de morir defendiendo la sierra. Ordenó a Pedro de Mendoza que con seiscientos

156

arcabuceros caminase derecho a la boca de río Verde, por el pie de la sierra; y a Lope Zapata con otros seiscientos a Gaimón, a la parte de las viñas de Monda: iban estos dos capitanes el uno del otro media legua, y entre ambos iba el duque con el resto de la infantería y caballería. Ordenó a Pedro Bermúdez y a Carlos de Villegas, que estaba a la guarda de Istán y Hojen, con dos compañías y cincuenta caballos, que se saliesen a un mismo tiempo, y con doscientos arcabuceros tomasen lo alto de la sierra y las espaldas de los enemigos; que Arévalo de Suazo partiese de Málaga, y con mil y doscientos soldados, y cincuenta caballos acudiese a la parte de Monda. Todos a un tiempo partieron a la noche para hallarse a la mañana con los enemigos; mas ellos, avisados por un golpe de arcabuz que habían oído entre la gente de Setenil, mudáronse del lugar, mejorándose a la parte de Pedro de Mendoza que era el postrero, por tener la salida más abierta: comenzó a subir el duque, y Pedro de Mendoza, que estaba más cerca, a pelear con igualdad, y ellos a mejorarse. El duque, aunque algo apartado, oyendo los golpes de arcabuz, y visto que se peleaba por aquella parte de Pedro de Mendoza, se mejoró; y por la ladera descubriendo la escaramuza, con la caballería y con lo que pudo de arcabucería, acometió los enemigos, llevando cerca de sí a su hijo, mozo cuasi de trece años, don Luis Ponce de León, cosa usada en otra edad en aquella casa de los Ponces de León, criarse los muchachos peleando con los moros, y tener a sus padres por maestros: porfiaron algún tanto los enemigos; mas no pudiendo resistir, tomaron lo de la sierra, y de allí se repartieron a unas y partes. Murieron más de cien hombres y entre ellos el Melqui, su capitán; y si Pedro Bermúdez y Villegas salieran a la hora que se les ordenó, hiciérase mayor efecto. Habido este buen suceso, repartió el duque la gente que pudo por cuadrillas para seguir el alcance; cautivaron a las mujeres, y niños y ropa que les había quedado; mataron en este seguimiento ochenta. Quedaron los moros tan escarmentados ni por engaño ni por fuerza los pudieron hallar juntos en parte de la montaña, y buscaron también la sierra que llaman de Daidín, y el mismo duque repartió el campo en cuadrillas, pero tampoco se hallaron personas juntas; con esto, él se tornó a Ronda, y aquella guerra quedó acabada, la tierra libre de los enemigos, parte muertos y parte esparcidos o idos a Berbería.

He querido tratar tan particularmente desta guerra de Ronda; lo uno porque fue varia en su manera, y hecha con gran sufrimiento del Capitán General, y con gente concejil, sin la que los señores enviaron, y la mayor parte del mismo duque de Arcos; y aunque en ella no hubo grandes reencuentros, ni pueblos tomados por fuerza, no se trató con menos cuidado y determinación que las de otras partes de este reino; ni hubo menos desórdenes que corregir cuando el duque tomó a su cargo; guerra comenzada y suspendida falta de gente, de dineros, de vitualla, tornada a restaurar sin lo uno y sin lo otro; pero sola ella acabada del todo, y fuera de pretensiones, emulaciones o envidias. Lo otro por haberse en tiempos antiguos recogido en aquellas partes las fuerzas del mundo, y competido César y los hijos de Pompeyo, cabezas dél, sobre cual quedaría con el señorío de todo, hasta que la fortuna determinó por César, dos leguas de donde está agora Ronda, y tres de la que llamamos Monda, en la gran batalla cerca de Monda la vieja, donde hoy día, como tengo dicho, se ven impresas señales de despojos, de armas, y caballos; y ven los moradores encontrarse por el aire escuadrones; óyense voces como de personas que acometen: estantiguas llama el vulgo español a semejantes apariencias o fantasmas, que el vaho de la tierra cuando el Sol sale o se pone forma en el aire bajo, como se ven en el alto las nubes formadas en varias figuras y semejanzas.

Estaba don Juan en Granada con el duque, Comendador mayor, acudiendo a lo que se ofrecía; y por dar remate a cosas, y fin de los enemigos que quedaban, ordenó que el Comendador mayor con la gente que se pudo juntar, parte de la propria ciudad y parte de los que se habían venido de su campo y del campo del duque, que por todos serían siete mil personas, llevasen delante, y ante todas las cosas bastimento y munición que bastase para dos meses, y que esto se guardase en Órgiba; y con esta prevención partió el campo la vuelta de la Alpujarra. Llegados a Lanjarón, por mandado del general se dio un rebato falso, porque la gente no estuviese descuidada; otro día llegaron a Órgiba, y en ella reposó el campo tres días, tomando la orden que se había de tener para hallar los enemigos, porque andaban esparcidos por la tierra. El cuarto día salió la gente hechas dos mangas de a mil hombres cada una, con orden que la una de la otra fuese desviada cuatro leguas, guiando la una a la mano derecha y la otra a la siniestra, y el resto del campo por medio: desta suerte corrieron la tierra hasta llegar a Pitres de Ferreira, y dejando allí presidio de quinientos hombres, pasaron adelante hasta Pórtugos, y allí dejaron cien hombres y en Cadiar trescientos con el capitán Berrío. Aquí tuvo nuevas el Comendador mayor que los moros se habían retirado al Cehel, costa de la mar, por ser tierra áspera y de muchos jarales: mandó a don Miguel de Moncada que con mil y doscientos hombres corriese aquella tierra; halló parte de ellos, y matando siete moros, cautivó doscientas personas entre moras y muchachos, y ropa y despojos: perdió solo un soldado que engañado de una mora le hizo entender que en una choza tenía mucha riqueza, y al entrar en ella le dio con una almarada por debajo del brazo, y lo mató. Volvió don Miguel con la cabalgada a Cadiar donde quedó el campo; de aquí envió el Comendador mayor mil hombres a Ujíjar de la Alpujarra, para que en ella hiciesen presidio, y dejando en él trescientos soldados fuesen a Dondurón y dejasen allí una compañía de cien hombres con su capitán, y en Ayator otros ciento, y en Berja otros ciento, con orden que todos corriesen la tierra cada día, dejando guarda en los presidios. Mandó a don Lope de Figueroa que con mil y quinientos infantes y algunos caballos corriese el río de Almería y toda aquella sierra, con el Boloduí y tierra de Gueneja, y que juntando consigo la gente que salía de Almería, corriese la tierra de Jerez a Fiñana y río de Almanzora: volvió a Granada, dejando presidio en las Guájaras altas y bajas y en Vélez de Benaudalla, y en todos los presidios bastimento y munición para algunos días.

Luego que llegó a Granada, proveyó don Juan otros capitanes de cuadrillas, que fueron Juan Carrillo Paniagua, Camacho, Reinaldos, y otros; y hecho esto, don Juan con el duque y el Comendador mayor se partió a Madrid; y de allí a la armada de la Liga, dejando a don Pedro de Deza, presidente de Granada, con título de Capitán General, y en Almería por general de la infantería a don Francisco de Córdoba, descendiente de aquella cama de leones del conde don Martín. Corrían la tierra a menudo las cuadrillas, metían en Granada moros y moras, y no había semana que no hubiese cabalgada. Al entrar en la puerta de las Manos, hacían salva subiendo por el Zacatín arriba, hasta llegar a la cancillería; daban noticia al presidente para que viese lo que traían, y entregaban los moros en la cárcel, y de cada uno les daban veinte ducados, como está dicho: atenaceaban, y ahorcaban los capitanes y moros señalados y los demás llevaban a galeras, que sirviesen al remo esclavos del rey.

Entre estos trujeron un moro natural de Granada llamado Farax. Éste, como supiese la voluntad de Gonzalo el Xeniz, alcaide sobre los alcaides, y de sus sobrinos Alonso y Andrés el Xeniz, y otros muchos, que era de entregarse y reducirse, si se les concediese perdón, llamó a Francisco Barredo, dándole parte de la voluntad y propósito que muchos moros tenían, y aun de matar a su rey si no se quisiese reducir con ellos; para lo cual convenía que procurase verse con Gonzalo el Xeniz, que era uno de los que más lo deseaban. Sabido esto, Francisco Barredo se fue a las Alpujarras, y en llegando al presidio de Cadiar, sacó de una bóveda del castillo un moro que tenían preso, y le dio una carta para Gonzalo el Xeniz, en que le hacía saber la causa de su venida; que viese la orden que había de tener para verse con él: recibida la carta, respondió que otro día al amanecer se viniese a un cerro media legua de Cadiar, y que adonde viese una cruz en lo alto le aguardase, soltando la escopeta tres veces por contraseña: fue, y hecha la seña llegó el Xeniz, sus sobrinos, y otros moros mostrando mucha alegría de velle: lo que trataron fue que si le traía perdón del rey para él, y los que se quisiesen reducir, que les entregaría a Abenabó, su rey, muerto o vivo: con esto se despidió, prometiéndoles de hacello y ponello por obra, y avisallos de la voluntad del rey. Vino a Granada Francisco Barredo, dio cuenta al presidente de lo que había pasado con Gonzalo el Xeniz y lo que le había prometido; dio el presidente aviso al rey, que visto lo que prometía el Xeniz le concedió perdón a él y a todos los que con él viniesen; vino la cédula real al presidente, que visto que no había quien con veras lo pudiese hacer, hizo llamar a Barredo, y entregándole la cédula, le pidió con las veras y recato que en tal negocio convenía, lo hiciese.

Recibida la cédula, se partió, y llegó a Cadiar con el moro que antes había llevado la carta: avisole como tenía lo que pedía, que se viese con él en el sitio y lugar que antes se habían visto. Llegado el Xeniz, y vista la cédula y perdón la besó, y puso sobre su cabeza: lo mismo hicieron los que con él venían; y despidiéndose dél, fueron a poner en ejecución lo concertado. Francisco Barredo se volvió al castillo de Berchul, porque allí el dijo el Xeniz que le aguardase; Gonzalo el Xeniz y los demás acordaron para hacello a su salvo, que sería bien que uno de ellos fuese a Abdalá Abenabó, y de su parte le dijese que la noche siguiente se viese con él en las cuevas de Berchul, porque tenía que platicar con él cosas que convenían a todos. Sabido por Abenabó, vino aquella noche a las cuevas solo con un moro, de quien se fiaba más que de ninguno; y antes que llegase a las cuevas despidió veinte tiradores que de ordinario le acompañaban, todo a fin de que no supiesen adonde tenía la noche. Saludole Gonzalo el Xeniz diciéndole: «Abdalá Abenabó, lo que te quiero decir es que mires estas cuevas, que están llenas de gente desventurada, así de enfermos, como de viudas y huérfanos, y ser las cosas llegadas a tales términos, que si todos no se daban a merced del rey, serían muertos y destruidos; y haciéndolo, quedarían libres de tan gran miseria». Cuando Abenabó oyó las palabras del Xeniz, dio un grito que pareció se le había arrancado el alma, y echando fuego por los ojos le dijo: «¡Cómo, Xeniz! ¿para esto me llamabas? ¿Tal traición me tenías guardada en tu pecho? No me hables más, ni te vea yo»; y diciendo esto, se fue para la boca de la cueva: mas un moro que se decía Cubayas, le asió los brazos por detrás, y uno de los sobrinos del Xeniz le dio con el mocho de la escopeta en la cabeza y le aturdió; y el Xeniz le dio con una losa y le acabó de matar: tomaron el cuerpo, y envuelto en unos zarzos de cañas le echaron la cueva abajo, y esa noche le llevaron sobre un macho a Berchul, adonde hallaron a Francisco Barredo y a su hermano Andrés Barredo: allí le abrieron y sacaron las tripas, hinchiendo el cuerpo de paja. Hecho esto, Francisco Barredo requirió a los soldados del presidio y a su capitán que le diese ayuda y favor para llevarle a Granada. Visto el requerimiento, le acompañaron, y en el camino encontraron con doscientos y cincuenta moros de paz, que sabida la muerte de Abenabó, y el nuevo perdón que el rey daba, llegaron a reducirse. Vinieron a Armilla, lugar de la Vega, y allí le pusieron caballero en un macho de albarda, y una tabla en las espaldas, que sustentaba el cuerpo, que todos le viesen; los moros de paz iban delante, y los soldados y Francisco Barredo detrás. Llegados a Granada, al entrar de la plaza de Bibarrambia, hicieron salva; lo proprio en llegando a la cancillería; allí a vista del presidente le cortaron la cabeza, y el cuerpo entregaron a los muchachos, que después de habello arrastrado por la ciudad, lo quemaron; la cabeza pusieron encima de la puerta de la ciudad, la que dicen puerta del Rastro, colgada de una escarpia a la parte de dentro, y encima una jaula de palo, y un rétulo en ella que decía:

ÉSTA ES LA CABEZA
DEL TRAIDOR DE ABENABÓ.
NADIE LA QUITE,
SO PENA DE MUERTE.

Tal fin hizo este moro, a quien ellos tuvieron por rey después de Aben Humeya: los moros que quedaban, unos se dieron de paz y otros se pasaron a Berbería; y a los demás las cuadrillas y la frialdad de la sierra y mal pasar los acabó; y feneció la guerra y levantamiento.

Quedó la tierra despoblada y destruida; vino gente de toda España a poblarla, y dábanles las haciendas de los moriscos con un pequeño tributo que pagan cada año. A Francisco Barredo le hizo el rey merced de seis mil ducados, y que éstos se los diesen en bienes raíces de los moriscos, y una casa en la calle de la Águila, que era de un mudéjar echado del reino; después pasó en Berbería algunas veces a rescatar cautivos, y en un convite le mataron.

Libros a la carta

A la carta es un servicio especializado para
empresas,
librerías,
bibliotecas,
editoriales
y centros de enseñanza;
y permite confeccionar libros que, por su formato y concepción, sirven a los propósitos más específicos de estas instituciones.

Las empresas nos encargan ediciones personalizadas para marketing editorial o para regalos institucionales. Y los interesados solicitan, a título personal, ediciones antiguas, o no disponibles en el mercado; y las acompañan con notas y comentarios críticos.

Las ediciones tienen como apoyo un libro de estilo con todo tipo de referencias sobre los criterios de tratamiento tipográfico aplicados a nuestros libros que puede ser consultado en Linkgua-ediciones.com.

Linkgua edita por encargo diferentes versiones de una misma obra con distintos tratamientos ortotipográficos (actualizaciones de carácter divulgativo de un clásico, o versiones estrictamente fieles a la edición original de referencia).

Este servicio de ediciones a la carta le permitirá, si usted se dedica a la enseñanza, tener una forma de hacer pública su interpretación de un texto y, sobre una versión digitalizada «base», usted podrá introducir interpretaciones del texto fuente. Es un tópico que los profesores denuncien en clase los desmanes de una edición, o vayan comentando errores de interpretación de un texto y esta es una solución útil a esa necesidad del mundo académico.

Asimismo publicamos de manera sistemática, en un mismo catálogo, tesis doctorales y actas de congresos académicos, que son distribuidas a través de nuestra Web.

El servicio de «Libros a la carta» funciona de dos formas.

1. Tenemos un fondo de libros digitalizados que usted puede personalizar en tiradas de al menos cinco ejemplares. Estas personalizaciones pueden ser de todo tipo: añadir notas de clase para uso de un grupo de estudiantes,

introducir logos corporativos para uso con fines de marketing empresarial, etc. etc.

2. Buscamos libros descatalogados de otras editoriales y los reeditamos en tiradas cortas a petición de un cliente.